# Invencível

# LUCIANA DERETTI

# Invencível
## A FELICIDADE COMO UMA ESCOLHA INEGOCIÁVEL

**Labrador**

© Luciana Deretti, 2025
Todos os direitos desta edição reservados à Editora Labrador.

Coordenação editorial Pamela J. Oliveira
Assistência editorial Leticia Oliveira, Vanessa Nagayoshi
Projeto gráfico e capa Amanda Chagas
Diagramação Vinicius Torquato
Preparação de texto Cris Negrão
Revisão Jacob Paes
Imagens de miolo Acervo da autora
Imagens de capa Pedro Bonacina

Dados Internacionais de Catalogação na Publicação (CIP)
Jéssica de Oliveira Molinari – CRB-8/9852

---

Deretti, Luciana

Invencível: a felicidade como uma escolha inegociável / Luciana Deretti.
São Paulo : Labrador, 2025.
256 p.

ISBN 978-65-5625-851-5

1. Desenvolvimento pessoal 2. Superação 3. Resiliência 4. Traumas psíquicos 5. Luto 6. Deretti, Luciana – Autobiografia I. Título

25-1345                                                                                      CDD 158.1

---

Índice para catálogo sistemático:
1. Desenvolvimento pessoal

## Labrador

Diretor-geral Daniel Pinsky
Rua Dr. José Elias, 520, sala 1
Alto da Lapa | 05083-030 | São Paulo | SP
contato@editoralabrador.com.br | (11) 3641-7446
editoralabrador.com.br

A reprodução de qualquer parte desta obra é ilegal e configura uma apropriação indevida dos direitos intelectuais e patrimoniais da autora. A editora não é responsável pelo conteúdo deste livro. A autora conhece os fatos narrados, pelos quais é responsável, assim como se responsabiliza pelos juízos emitidos.

Para Leonardo e Lorenzo

# SUMÁRIO

**Prefácio** ———————————————————— 9

**Apresentação** —————————————————— 13

Introdução – O convite para a morte e o sim para a vida — 17

A importância de uma infância
emocionalmente saudável ——————————————— 33

Transformando sofrimento
em superação e crescimento ————————————— 55

De vítima a protagonista ——————————————— 85

A bênção de compartilhar a vida
com outro ser humano ———————————————— 109

Um mergulho no inconsciente e o poder
transformador do tratamento psíquico ————————— 141

Ressignificar a vida a partir
da experiência de ter um filho ———————————— 167

Abrir-se para novas vivências, culturas
e verdades na busca pelo equilíbrio —————————— 215

Epílogo – Sua nova vida começa agora ————————— 241

**Agradecimentos** ————————————————— 251

# PREFÁCIO

O que significa viver plenamente? Essa pergunta sempre me acompanhou, seja em minha prática médica, nas inúmeras palestras que ministrei ou em minha trajetória como escritor. Não é apenas um questionamento filosófico; é uma busca essencial, algo que define o sentido da nossa existência. Descobri, ao longo dos anos, que longevidade e felicidade são inseparáveis. Viver muito é desejável, claro, mas de que vale se não vivermos com propósito, alegria e intensidade?

Foi essa reflexão que me veio à mente ao ser convidado para prefaciar este livro. Antes mesmo de ler as primeiras páginas, algo já me dizia que a obra de Luciana Deretti não era apenas inspiradora, mas um verdadeiro divisor de águas. E ao adentrar sua história, tive a confirmação: trata-se de uma narrativa que toca profundamente o coração e, ao mesmo tempo, transforma a maneira como enxergamos nossas escolhas, nossas dores e, sobretudo, a vida.

Luciana não nos entrega apenas um relato de superação. Ela nos guia por uma jornada emocionante, na qual as perdas, por mais devastadoras que sejam, tornam-se sementes de crescimento e transformação. Sua história é o reflexo de uma decisão que muitos evitam tomar: escolher ser feliz, mesmo quando as circunstâncias parecem apontar para o contrário. É esse o coração pulsante deste livro, um convite claro e urgente para que cada leitor assuma as rédeas de sua própria felicidade.

Luciana nos mostra que a felicidade não é um privilégio reservado a poucos, nem uma consequência do acaso ou das circunstâncias. Ela é uma escolha – talvez a mais difícil, mas certamente a mais libertadora. Felicidade não é sobre perfeição, e sim sobre ressignificar o que vivemos e encontrar significado em cada passo, em cada desafio superado.

O que torna este livro tão especial não é apenas a trajetória da autora, mas a forma como ela consegue tocar em verdades universais. Luciana não fala apenas de si mesma; ela fala de todos nós. Ela nos lembra que a vida não é um mar de tranquilidade, mas que é possível navegar com coragem, mesmo nas águas mais turbulentas. Com uma escrita envolvente e profundamente humana, ela nos faz acreditar que, apesar de tudo, a felicidade está ao alcance de cada um de nós.

Nas páginas que se seguem, você encontrará mais do que histórias emocionantes. Você será levado a refletir sobre as próprias escolhas, a questionar o que realmente importa e a reavaliar o que tem impedido sua própria felicidade. Luciana nos mostra que viver com propósito não é um luxo, mas uma necessidade – e que a decisão de ser feliz, embora pareça simples, é uma das mais revolucionárias que podemos tomar.

Como médico, sei que a ciência tem muito a nos oferecer em termos de saúde e longevidade. Mas também sei que nenhuma conquista científica ou tecnológica pode nos dar a plenitude de uma vida bem vivida. Essa plenitude vem de escolhas conscientes, de coragem para enfrentar desafios e, principalmente, da capacidade de transformar dor em aprendizado. Luciana é o exemplo vivo disso. Sua história não é apenas inspiradora – é um lembrete de que, mesmo nos momentos mais sombrios, a luz pode prevalecer se estivermos dispostos a procurá-la.

Ao final deste livro, você não será a mesma pessoa. Você será desafiado, provocado e, sobretudo, inspirado. Inspirado a assumir o protagonismo da sua história, a abraçar suas imperfeições e a reconhecer que, em última análise, a felicidade é algo que só você pode conquistar.

Aceite o convite que este livro lhe faz. Deixe-se envolver pelas palavras e pela experiência da autora. Permita que cada página seja um impulso para transformar não apenas sua visão da felicidade, mas sua maneira de vivê-la. Porque a verdadeira longevidade não é somente somar anos à vida, e sim adicionar vida a cada ano – o que só acontece quando escolhemos, de forma consciente, sermos felizes.

*Dr. Fernando Bastos Duarte*
Médico, escritor e palestrante
Autor do best-seller *O ciclo original*

# APRESENTAÇÃO

*Invencível: a felicidade como uma escolha inegociável.*

Sim, o título do livro de Luciana Deretti é longo, atípico. E, de certa forma, anuncia fielmente um livro incomum de psicologia.

Não espere, portanto, meu caro leitor, encontrar nesta obra, feita por uma psicanalista, algum desfile de conceitos ou uma prática seguida de uma teoria. Ou vice-versa.

Não se trata disso. O livro de Luciana é mesmo peculiar. E pessoal. Inevitável aqui dar um spoiler, mas o texto abre com uma força narrativa imensa, talvez a parte mais forte, revelando uma autora de fôlego. Mas – o *spoiler* – é ali que Luciana nos conta uma infância marcada pela morte do pai e do irmão, ambos assassinados, em um episódio torpe e difícil de aceitar. Restam duas sobreviventes: ela, criança-testemunha e irmã mais nova, e a mãe, adulta, inevitavelmente deprimida.

Mas o que parecia selar um destino trágico – Luciana quase morreu na cena dos crimes – dará uma guinada ao longo da vida e das páginas. O que se anunciava como fim será mesmo um recomeço. A autora explica e não explica. Mais que isso, ela segue vivendo e contando a sua própria vida, depois desse drama aparentemente insuperável. Não para ela, que cresce até vir do interior à capital para estudar psicologia. Eis a atipia de um livro de psicologia-psicanálise, campo em que costuma ser rara a exposição de seu autor. Pouquíssimos são os casos em nosso meio, especialmente hoje em dia (havia mais no começo da história da psicanálise).

Mas é justo aí que a atipia do livro ganha a sua força maior. A sua verdadeira marca. Luciana, entre lacunas e entrelinhas, deixa claro dois pontos principais: o primeiro é que, na psicanálise, trabalhamos com a nossa pessoa. É o encontro dela com a outra pessoa que poderá promover alguma transformação, objetivo almejado por toda psicologia que se preze, analítica ou não. Daí a serventia de um livro em que a autora não esconde a sua própria pessoa, pelo contrário, desvela-a nos miolos de sua alma sofrida, marcada por um trauma maior. Onde se espera alguma teoria – não que não tenha – , vê-se, sobretudo, uma pessoa que foi capaz de se compreender e compreender a vida e a morte; lá onde parecia impossível, enfrentar preconceitos como o de uma faculdade de Psicologia temerosa dessa história; e que hoje empresta a capacidade de sua própria pessoa para trabalhar com as outras. Simples assim. Corajosa assim. Para uma vida e para uma obra.

O segundo ponto é que, em meio a essas revelações, Luciana vai desfiando temas da psicologia e do desenvolvimento humano, em especial a infância, mas não só: especialista em vínculos (ela mesma se define, a certa altura, como uma "colecionadora de vínculos"), aborda, na teoria e na prática, as terapias familiares e de casal, entre outros assuntos fundamentais da contemporaneidade que incluem o narcisismo elevado dos nossos tempos e o excesso das redes sociais. Sim, há muitas reflexões importantes sobre tais temas.

Por mais que se valha de exemplos práticos e teóricos, com direito às principais pesquisas na área, o grande alicerce do que a autora faz com eficácia volta a ser a sua própria história. Aqui lembra Boris Cyrulnik, o grande psicanalista daqueles que perderam suas famílias na Segunda Grande Guerra (inclusive ele), a quem Luciana cita, e Victor Frankl, precursor de Boris, a quem cita indiretamente. Porque, assim como nos casos vividos dos dois mestres, ela deixa claro que o principal de sua vida não está no pai e no irmão que perdeu, menina ainda, em um crime hediondo de que foi testemunha.

O principal, que vem depois, está paradoxalmente antes, no vínculo que os unia e foi suficiente, apesar do trauma, da dor e da perda indelével, para edificar um ser humano capaz de resistir ao que viesse, mesmo que o que viesse parecesse intransponível. Não era. Não foi para a mãe de Luciana e para ela que seguiu a sua vida, apesar de. "Apesar de" é uma expressão de Clarice Lispector, autoexplicativa, assim como é de Clarice Lispector a expressão "gênero não me pega mais", dando conta de uma literatura que transcende classificações, como o livro de Luciana. Podemos aqui pensar que só perdemos o que não tivemos.

Porque o livro ignora os gêneros literários habituais, juntando o pessoal e o científico, com uma pitada de arte (há citações de livros e filmes) de uma autora que pratica uma psicanálise nada ortodoxa, porque não é rançosa em sua teoria, e propõe na prática que haja fé, um assunto que costuma ser rechaçado neste campo.

Da psicanálise, a autora traz a importância da palavra, mencionando com propriedade a "identidade narrativa" (uma ideia presente na obra de Ricoeur), deixando claro que é preciso historiar. Afinal, historiar-se é mais importante do que qualquer trauma que o preceda, pois não estaria nele o efeito devastador de uma vida, e sim na impossibilidade de contar a quem pudesse ouvir com empatia, conceito bastante trabalhado ao longo do livro.

Em meio a tantas incertezas da vida e da psicanálise, algo essencial avulta como certo: o livro de Luciana tem a coragem de ser como só ele poderia, sem fazer o famigerado copiar-colar de tantas linhas. Ele é as mortes de Luciana. Ele é a vida de Luciana. Talvez por isso eu encerre – ou quase – esta apresentação com as palavras da própria autora:

"Acredito que um dos principais benefícios de um processo terapêutico é provocar cada paciente, mesmo que de maneira indireta, a buscar uma compreensão mais clara sobre a vida e, assim, tornar-se capaz de trilhar o caminho para construir a própria felicidade."

O livro de Luciana Deretti faz o que promete no trecho destacado: provoca o seu leitor e o leva a compreender um pouco mais de sua vida e sua morte. E, para a psicanálise, não poderia haver felicidade maior do que essa.

*Celso Gutfreind*
Psicanalista e escritor

INTRODUÇÃO

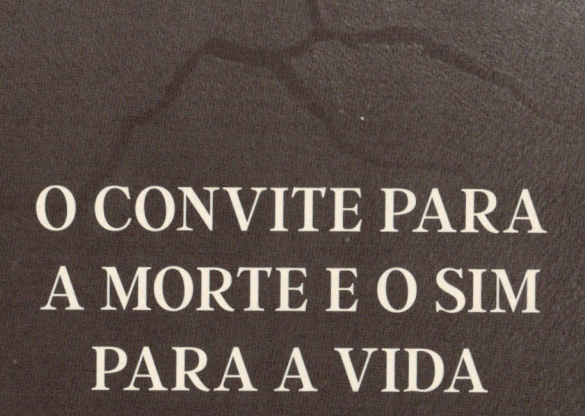

# O CONVITE PARA A MORTE E O SIM PARA A VIDA

Era madrugada. Continuávamos morando na mesma casa onde tudo aconteceu, eu ainda assustada, com medo, as noites eram terríveis. Na minha mente um filme de terror retornava a todo momento, mas o pior: tudo aquilo era verdade. O sono não vinha, nem para mim nem para ela, éramos o que restara. Muitas vezes ouvia barulhos à noite. Minha mãe passava os dias à base de remédios para dormir e, nas madrugadas, vagava pela casa vestindo o jaleco do meu irmão e repetindo para si mesma que tudo aquilo não poderia ter acontecido. Nossa vida tinha virado um abismo de tristeza e desamparo.

Era uma dor imensurável, um sofrimento avassalador. Era difícil para nós duas imaginar como seguiríamos nossos dias, meses, anos... Em uma dessas noites, em um momento de desespero, eis que surge um plano para ela. Duas malas, um destino sessenta quilômetros distante; no caminho, uma ribanceira, uma suposta falha de freios; o carro com nós duas lá cairia, e então tudo estaria acabado e resolvido. Mas, na vida, algumas vezes uma frase ou um segundo pode mudar o destino. Foi quando eu disse: "Não, mãe, apesar de tudo, eu estou viva e quero viver".

* * *

Minha vida mudou para sempre na tarde de um certo domingo de outubro de 1998, véspera do Dia das Crianças. Eu tinha 14 anos. Era um final de semana especial, porque meu único irmão estava vindo nos visitar pela primeira vez em dois meses, e estávamos todos com saudade. Ele cursava o segundo ano de Medicina em uma cidade a trezentos quilômetros de Santa Rosa, Rio Grande do Sul, onde morávamos. A faculdade exigia muito, e os gastos eram grandes, então as viagens não aconteciam com tanta frequência.

As comemorações pela chegada do mano começaram na sexta-feira, com meu pai oferecendo um jantar para os amigos.

Ele era um exímio caçador e pescador, sendo que os vizinhos compartilhavam do mesmo hobby. Adorava ver a casa cheia de gente e estava muito feliz por aquela ocasião especial.

O clima de festa durou até o domingo, com um almoço animado em casa, mesa farta e pessoas queridas. Após a refeição, meu pai e eu fomos a uma festa campeira, tradição do Rio Grande do Sul, para prestigiar um amigo querido dele que passava pela cidade. Meu irmão e minha mãe ficaram em casa. Morávamos em uma rua cheia de vida, onde as portas das casas estavam sempre abertas para quem quisesse entrar.

Retornamos por volta das cinco da tarde e de longe vimos as cadeiras dispostas na calçada em frente de casa, com minha mãe e os vizinhos tomando chimarrão e conversando; uma cena cotidiana. Meu pai estacionou o carro, e tínhamos acabado de descer quando, quase ao mesmo tempo, outro veículo, um Corcel II, que vinha em alta velocidade desde a esquina, freou bruscamente e parou ao nosso lado, fechando a entrada da garagem. A cena seguinte se deu em questão de segundos.

Um homem de cabelos e olhos claros desce do carro e vem em nossa direção. Meu pai estende a mão para cumprimentá-lo, e o cidadão se exalta: "Eu quero a porra da escritura". Quase ao mesmo tempo, ele dá um soco no meu pai, que se desequilibra. A essa altura, meu irmão, ao ver a cena do outro lado da rua, sai correndo, em direção aos dois, se posiciona na frente daquele homem e, num gesto de paz, ergue os braços e exclama: "Calma, tio". O indivíduo saca a arma das costas, e eu grito "Paiiiiii!". Meu pai tenta se virar para correr, e eu só ouço tiros e o vejo caindo no chão. Meu irmão se atira sobre o seu corpo caído de bruços, tentando virá-lo de barriga para cima. Entre gritos, olho para o assassino, que está a uma curta distância de mim e também me encara. Ainda com a arma em punho, ele a aponta em minha direção, olha no fundo dos meus olhos, baixa a arma e entra no carro. Ainda antes de arrancar em alta velocidade, minha mãe se atira no capô, mas ele acelera, ela cai no chão e ele vai embora.

Corremos todos para socorrer meu pai, que tinha o rosto esfacelado e muito sangue em volta. Um conhecido que passava prontamente parou; ele tinha uma Fiorino. Um vizinho e meu irmão o ergueram para colocar no carro que rapidamente partiu em direção ao hospital. No instante seguinte, olhei para meu irmão, que, em seguida, se sentou em uma das cadeiras em frente à nossa casa. Estava pálido, os lábios esbranquiçados, a roupa ensanguentada. "O sangue não deve ser dele", foi o que pensei, afinal, ele ajudou a erguer o pai e acabou se sujando. Minha mãe, em pânico, viu os lábios dele ficarem arroxeados. Colocou as mãos na cabeça e, num gesto de desespero, gritou: "filho, tu também estás baleado".

Pela segunda vez, senti como se o chão se abrisse debaixo dos meus pés. Corri para dentro de casa e comecei a abrir exasperadamente as gavetas à procura das chaves do carro para que alguém nos levasse ao hospital; os segundos tinham dimensão de horas, o desespero era devastador. Só me recordo de estar no carro a caminho do hospital, com meu irmão no banco do passageiro, eu e minha mãe atrás. Chegando lá, ele foi rapidamente colocado numa maca, entrando pela mesma porta de emergência por onde meu pai tinha passado poucos minutos antes. Segundo a equipe que os recebeu, meu pai, ainda consciente, viu meu irmão chegar e perguntou por que ele estava ali, ao que André teria respondido: "Vai ficar tudo bem". Ele realmente era um ser muito evoluído, e até o final deste livro vocês entenderão por quê.

Foi uma madrugada de agonia. Logo que entramos pela emergência, vi um telefone público do outro lado da rua, corri até ele – celular era uma coisa rara naquele tempo – e saí ligando para as pessoas: um tio querido, que morava em Santa Catarina; uma grande amiga da família, que tinha almoçado conosco naquele mesmo dia; meu melhor amigo à época. Precisava avisar que o pai e o mano tinham sido baleados e pedir ajuda. A notícia se espalhou. Em pouco tempo, muita gente foi aparecendo: amigos vindos de cidades próximas, vizinhos, polícia, colegas do trabalho. A cidade era pequena, meus pais eram bancários em uma agência local, nossa família era conhecida e muito bem relacionada.

Eu andava de um lado para outro nos corredores do hospital e ouvia meu nome: "E a Luciana?", mas não queria ver nem falar com ninguém. Às vezes, me escondia para não me verem. Sentei-me em um banco afastado, como que dizendo "Me deixem sozinha", até que uma prima da minha mãe se senta do meu lado e fala: "Ninguém está com coragem de te contar, mas teu pai não está mais aqui".

Um dos tiros atingiu a artéria aorta. Existem momentos na vida que são tão extremos, pelo tamanho da dor e da angústia, que são difíceis de dimensionar com palavras. Naquele mesmo instante, saí correndo até o outro lado da rua e abracei um grande amigo que de lá, parado, me olhava. Alguém conhecido passou de carro e me levou embora.

Chegando perto de casa, de longe já podia ver gente lavando o sangue na calçada em frente e um entra e sai de pessoas, conhecidas e desconhecidas, algumas rezando com um terço nas mãos, outras falando baixinho, se abraçando, além, claro, dos carros da polícia. Minha vida tinha virado uma cena de filme.

Subi depressa para o meu quarto, onde algumas amigas me esperavam para me acolher. Só fui perceber que minha roupa estava suja de sangue quando uma delas sugeriu que eu tomasse um banho e me trocasse. "Estou sangrando por dentro", eu repetia. Saí zanzando pela casa, vomitei de desespero e dor. Anos depois, estudando psicologia, aprendi que essa é uma reação esperada do corpo tentando metabolizar o que não tem lugar ou sentido dentro de nós – neste caso, o trauma vivido era avassalador. À essa altura, só pensava no meu irmão: "Ele tem que ficar bem". Rezei com um dos meus melhores amigos, que fazia aniversário naquele dia e que havia estado conosco, junto com sua família, naquele almoço de domingo. Já era madrugada de 12 de outubro, Dia das Crianças e de Nossa Senhora Aparecida.

Fui até o quarto da minha mãe e me sentei ao lado dela na cama. Nossa casa tinha dois andares e era grande, mas naquele momento parecia pequena, tamanha era a aglomeração de pessoas. Alguém fechou a porta. Apesar de tanta gente, havia um silêncio assustador, que jamais esquecerei. Uma amiga da minha mãe entrou no quarto, olhou para nós e disse que Deus nunca desampara. Ali, naquele exato momento, ficamos sabendo que meu irmão não tinha resistido. Embora fosse "somente" um tiro, ele não sobreviveu. E, daquele instante em diante, minha vida nunca mais seria a mesma.

Um dos tiros, com bala explosiva, havia acertado o fígado dele e feito um estrago enorme, que é o objetivo de quem usa esse tipo de munição. Cinco horas de cirurgia, uma equipe de médicos empenhados e muitos litros de sangue não foram capazes de salvá-lo. Mais tarde alguém me contou que, ao final da última tentativa de reanimá-lo, os médicos se sentaram no chão desolados e choraram por não terem conseguido salvar um futuro colega de profissão.

* * *

Por muito tempo, e inúmeras vezes depois dos assassinatos, minha mãe manifestou o desejo de partir. Era o que ela pretendia naquela madrugada. Mas um calafrio percorreu seu corpo quando eu expressei meu desejo de viver. A viagem seria só de ida, mas ela não queria magoar ainda mais a sua mãe, que também já havia sofrido demais. Tudo levava a crer que seria apenas um breve passeio, por isso o disfarce das malas. Seis horas da manhã, minha mãe levantou, preparou seu chimarrão, minhas palavras não saíam da sua mente. Às sete horas toca o interfone: visita. Uma mulher, com a qual não tínhamos nenhum vínculo, chegara. Meio contrariada, minha mãe a recebeu. Conversaram apenas sobre amenidades, logo ela se despediu deixando no balcão quatro folhetos espíritas. Após ler o primeiro, um impacto enorme. Levantei e vi que minha mãe chorava copiosamente. O título da primeira mensagem: O Suicídio Não é a Solução.

Ainda hoje, mesmo que eu consiga proporcionar a ela muitas alegrias, sei que o dia em que ela estiver no plano espiritual, estará feliz também. Após tantos anos convivendo com uma dor profunda e uma saudade imensa, muita gente faria qualquer coisa para não precisar mais suportar tanto sofrimento, por isso eu a entendo e acolho na sua eterna dor. Mas eu, ao contrário, nunca pensei em morrer. Quando o assassino baixou a arma após apontá-la na minha direção, dentro de mim se decretou a certeza de que estar vivo é uma benção. Chegar tão perto da morte me fez ter a consciência de que acordar todo dia é um presente incrível que Deus nos dá. Assim, apesar daquele sofrimento que parecia um abismo, eu escolhi ser feliz. É claro que não foi um caminho fácil e indolor, pelo contrário, houve muitos anos em que a equação dos dias tristes e felizes poderia ter sido a razão da minha desistência. Por mais que eu seja vítima de um acontecimento terrível e, portanto, talvez fosse aceitável assumir essa postura em relação à vida, jamais desisti de ser protagonista da minha história.

Nos meses, e até anos, após o crime, minha mãe e eu fomos repetidamente questionadas se queríamos que fosse feita justiça. Meu pai tinha irmãos e muitos amigos, nenhum deles jamais aceitou o que aconteceu e vários estavam dispostos a vingar a morte deles, mas nunca permitimos que qualquer coisa fosse feita contra o assassino, cuja identidade já era conhecida por todos. Não queríamos carregar o peso de nos igualarmos a ele, sujando as nossas mãos de sangue.

"Como assim? Ele matou seu pai e seu irmão na sua frente", muitas vezes escutei e ainda escuto ao justificar nossa opção de entregar a justiça nas mãos de Deus, acreditando que essa não falha. Talvez muitos que estão lendo não entendam. Mas ao final do livro, talvez possam rever sua opinião. O fato é que não sinto raiva nem desejo a morte do homem que matou metade da minha família. Na verdade, tento não pensar que ele existe e muito menos que está solto. O que tenho dentro de mim, que desenvolvi com o passar dos anos, é a capacidade de focar minha energia no que está no meu raio de ação e que virá ao encontro dos meu propósitos, lembrando sempre que existem coisas que acontecem que fogem ao nosso entendimento. Sou grata por estar viva, e esse por si só já é um motivo que me faz inclusive agradecer por estar aqui hoje escrevendo a minha história. Isso não quer dizer que não trocaria tudo para ter meu pai e meu irmão de volta do meu lado. Mas sei que, infelizmente, isso não é possível.

Hoje atuo como psicóloga e psicanalista, com três formações psicanalíticas: em Infância e Adolescência, Adultos e, por último, minha grande paixão, a Psicanálise Vincular, especialidade que cuida de famílias e casais. Todos os dias, acompanho pacientes adultos na construção das suas histórias e escolhas para um viver mais pleno e feliz, e trabalho com crianças, adolescentes e seus pais no desenvolvimento da saúde emocional e prevenção e elaboração de conflitos. Por ter crescido em uma família amorosa e ter memórias agradáveis dos momentos que passamos juntos, e saber a relevância da bagagem emocional para a superação de tudo que passei, assumi a missão de ajudar as pessoas não somente a melhorarem e evoluírem apesar das dores da vida, mas a escolherem conscientemente sentir-se bem e serem felizes. Por isso, este não é somente um livro sobre a minha vida, mas sobre os caminhos possíveis para todos nós.

Meu propósito é mostrar que, apesar de quaisquer circunstâncias, é possível escolher uma vida plena e feliz. Por meio das atitudes e dos pensamentos que me ajudaram a ressignificar minha história de vida e a superar o trauma de perder as pessoas que eu mais amava de forma tão trágica, pretendo

"

Na vida, temos o hábito de estabelecer
condições para alcançar a felicidade.
Quando se vive o extremo da dor e
do desamparo, temos a possibilidade
de desenvolver a resiliência.
A felicidade não pode depender
de uma condição. Ela pode e
deve ser um estado de espírito.

Luciana Deretti

ajudar você a encontrar meios para transformar também a dor ou dificuldade em aprendizado, construindo um jeito leve de viver. Desejo incentivá-lo a lutar com coragem e bravura pelo que realmente importa na sua vida.

Todos nós passamos por dificuldades e perdas, de diferentes tipos e intensidades. Nem sempre temos como evitar ou prever. Nada do que aconteceu comigo, assim como nada do que acontece de bom e de ruim com todos nós enquanto estamos vivos, pode ser mudado quando olhamos para trás, mas a forma como interpretamos esses fatos e circunstâncias tem um poder decisivo de transformação em nossa vida.

Durante anos eu ouvi de amigos, inúmeras vezes, que minha vida daria um livro, mas demorei para abraçar a ideia e concretizá-la. Sou discreta com minha intimidade, e até pouco tempo atrás falava nisso o mínimo possível, até porque a reação mais comum das pessoas é de perplexidade ao ouvir sobre minha história. "E como você consegue ser alegre, sorridente e empolgada desta forma?", muitos perguntam.

Na época, vários jornais do sul do país fizeram reportagens sobre o acontecido. A televisão fez uma porção de matérias mostrando imagens do assassino, das vítimas, do velório, do júri e assim por diante. Não pensava em voltar a esse assunto porque achava que minha vida já tinha sido exposta demasiadamente. Me lembro do desconforto que era andar pelas ruas da minha cidade e ser apontada como filha do Deretti, reconhecendo no olhar das pessoas seu sentimento de compaixão. Dois anos depois que tudo aconteceu, decidi me mudar para Porto Alegre, onde eu poderia ser uma anônima na multidão e reescrever minha história sendo protagonista do meu destino.

Quando chegou a hora de prestar o vestibular, escolhi Psicologia. O curso que era minha primeira opção exigia naquela época um exame psicotécnico dos candidatos, no qual fui reprovada porque minha história de vida não era compatível com o exercício da profissão, segundo os avaliadores. Mas contarei mais sobre isso nos próximos capítulos. Minha melhor amiga na época, que até hoje segue ao meu lado e é uma fonte de inspiração e afeto, fez a mesma prova e foi aceita. Era difícil entender. "Por qual motivo o que eu passei me impediria de ajudar as pessoas?", eu pensava. A partir daí, passei a evitar falar da minha vida com quem eu não tinha um convívio mais íntimo. Já havia enfrentado algo doloroso demais e não queria pensar que poderia ser ainda mais prejudicada. Depois, quando me tornei psicanalista, e sabendo que um dos princípios da psicanálise é o profissional não compartilhar suas experiências com os pacientes, para não influenciar no tratamento, me calei mais ainda. Ao escrever este livro, talvez esteja quebrando um paradigma, mas movida por um propósito maior. É sobre fazer o bem indistintamente além das paredes do consultório, que segue sendo um dos meus lugares preferidos no mundo. Hoje tenho certeza de que estar aqui com vocês faz parte do meu destino. Você entenderá por que digo isso ficando comigo até a última página.

Em vinte anos de atendimento, ouvi de muitos pacientes, alguns com vivências anteriores de análise e terapia, que algo me diferenciava de outros profissionais. Sempre pensei que o que me caracterizava como profissional talvez fosse a capacidade de me conectar genuinamente à dor das pessoas. Depois de tudo pelo que passei, não há dor que eu não possa compreender. Hoje tenho a convicção de que só trazer coisas boas dentro de mim, nutrindo o desejo verdadeiro de ser feliz, escolhendo não nutrir tantos sentimentos hostis que teria todas razões para sentir, de alguma forma, se torna contagiante.

No começo de 2023, quando eu estava perto de completar 40 anos, meus exames de rotina revelaram uma importante alteração no fígado, o mesmo órgão em que meu irmão foi baleado. De forma abrupta, o medo da morte pareceu ganhar forma novamente, como se eu estivesse outra vez com aquela arma apontada para mim. Meu marido, médico cardiologista, contatou um amigo radiologista, que me pediu para ir ao hospital na manhã seguinte para fazer mais exames. Quando eu estava saindo de casa, meu marido contou que havia desmarcado sua agenda de compromissos do dia e que me acompanharia. Naquela hora pensei no pior: "Vou morrer, deve ser câncer", afinal, em razão da sobrecarga de trabalho, não era nem mesmo rotina dele acompanhar meus pré-natais nas duas vezes que fiquei grávida!

No caminho, enquanto dirigia, um filme voltou a passar na minha mente, a cena do crime: por que será que fiquei neste mundo? Por que aquele homem que matou meu pai e meu irmão me deixou viver? Ele me olhou nos olhos e poderia ter atirado em mim também, por que não o fez? E se eu morrer amanhã, de que serviu ter ficado neste mundo? Além do que fiz com imensa dedicação pelos meus pacientes e minha família, o que mais vou deixar para o mundo lá fora? A resposta veio, e eu entendi, naquele exato momento, que meu propósito de vida tinha um novo sentido: ajudar as pessoas, para além do consultório, a escolherem ser felizes.

Meu prognóstico mais pessimista não se confirmou, mas descobri uma doença autoimune, o que também me ensinou bastante. No mesmo dia em que recebi os resultados, voltei para o consultório e desativei o botão de privacidade do meu Instagram. Essa era uma provocação feita há algum tempo por amigos, que diziam que as pessoas mereciam conhecer a minha história; eles me encorajavam a compartilhar não somente meu saber técnico, mas acreditavam que minha forma de ver e viver a vida poderia ajudar outras pessoas além das paredes do consultório. Abrir minhas redes sociais foi, então, o primeiro passo para estar mais perto das pessoas e poder fazer o bem sem saber a quem. Para minha surpresa, mesmo com poucas postagens, recebia comentários sempre positivos, o que funcionou como um incentivo para ir em frente, continuar criando e compartilhando conteúdos relevantes para as pessoas de modo geral, inclusive aqueles que, muitas vezes, não têm condições de conseguir ajuda profissional em suas vidas. Porém, até então, escrever um livro era uma ideia remota.

Em uma viagem para Israel com amigos, em 2023, visitei o Muro das Lamentações, e ali uma emoção inexplicável tomou conta de mim. Lágrimas escorriam em cascata, enquanto eu rememorava muitas coisas pelas quais passei, inclusive o quão perto da morte já havia chegado mais de uma vez. Mas, naquele momento, uma cena em especial tocava minha alma: a lembrança da noite em que disse para minha mãe que desistir da vida não era uma opção para mim. Eis que, naquela hora, ao ouvir meu relato, um casal de amigos se olha e diz: "Lú, tua vida daria um roteiro de livro. Ela merece ser compartilhada a fim de inspirar e ajudar mais pessoas a superarem suas dores e desafios, realizando, apesar de tudo, seus sonhos".

Acreditar que Deus existe, que jamais nos desampara e que a vida é uma dádiva divina, e que toda história pode ter um final feliz: essas crenças são o alicerce da minha vida e me motivam a escrever este livro. Nele, quero falar sobre como a felicidade está ao alcance de todos nós; e que é uma escolha a ser feita todos os dias. É nisso em que acredito, é o que pratico junto à minha família e é a inspiração que pretendo deixar a todos aqueles que lerem estas páginas. Quero compartilhar minha história e as lições que tirei dela, assim como do que vivencio dia após dia cuidando do que as pessoas têm de mais precioso: seu viver, seu pensar, seu sentir e seu agir.

A maioria das pessoas passa a vida remoendo o passado ou olhando para o futuro, almejam o que ainda não possuem em vez de reconhecer o que já têm. Enquanto isso, perdem momentos que não voltam, deixam de aproveitar pessoas e relações que talvez amanhã não estejam mais aqui e permitem que a correria da vida contemporânea as ceguem perante as verdadeiras prioridades da vida. O único momento possível para ser feliz é agora. Viver é um presente, e somente você é responsável por fazer cada dia valer a pena.

O que me ajuda a seguir forte e grata por tudo o que sou e vivi é a certeza de que nada acontece por acaso. Se tive a chance de continuar vivendo depois da tragédia que despedaçou minha família, é porque tenho o direito e o dever de fazer desta existência a melhor experiência possível. Todos temos a chance de mudar nosso destino. Se você não agir para assumir a responsabilidade pelo seu viver e começar a cuidar de si mesmo, não encontrará a felicidade nos remédios, na bebida alcoólica, na comida ou em um cartão de crédito sem limites.

A felicidade não se compra, é construída dia após dia. Ela acontece paulatinamente, a partir da forma como cada um encara os acontecimentos, como reconhecemos e consideramos quem está ao nosso lado, como enxergamos o céu azul ou a tempestade prestes a chegar. Não tem a ver com o destino, mas com o percurso. Nas próximas páginas, espero provocar em você o desejo de escolher ser feliz nesta incrível jornada chamada vida. Vamos juntos?

> Não temos o poder de modificar
> o passado que nos trouxe até aqui.
> O que está em nossas mãos é a chance
> de decidir no que transformaremos
> cada experiência e cada sentimento,
> por mais que o sofrimento pareça
> incurável e seja difícil acreditar
> que é possível seguir em frente.
> Assumir o papel de protagonista
> da sua história é a única forma de
> você construir o seu final feliz.

Luciana Deretti

## CAPÍTULO 1

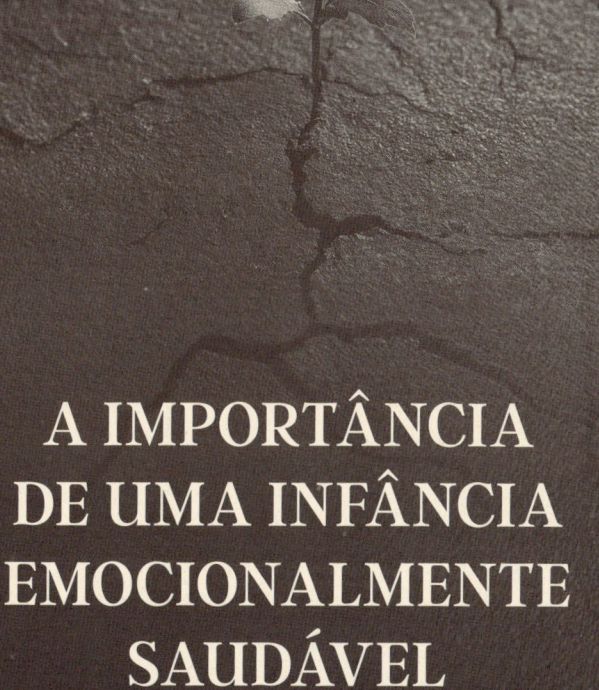

# A IMPORTÂNCIA DE UMA INFÂNCIA EMOCIONALMENTE SAUDÁVEL

Lembro-me muito bem de uma das últimas conversas que tive com meu pai, na sexta-feira antes de perdê-lo. Ele, minha mãe e meu irmão viajariam para Santa Catarina naquele fim de semana para visitar meu tio, que havia perdido um filho em um acidente, um mês antes, e eu ficaria em casa. Todos os meus amigos estavam combinando uma excursão de ônibus para ir ao show de uma das minhas bandas favoritas à época, que aconteceria em uma cidade vizinha.

Meu pai, mesmo conhecendo todos os amigos que lá estariam e sabendo que não havia muito risco naquele programa, não me deixou ir porque estaria longe. Eu fiquei chateada e quis bater o pé, resisti, como fazem os adolescentes. Ele me fez sentar em seu colo e, com a maior paciência do mundo, disse: "Na vida você nem sempre poderá fazer tudo o que quer. Na verdade, na maioria das vezes não podemos ter ou fazer aquilo que gostaríamos. Mas isso não a torna inferior ou menos feliz. A vida não irá acabar, nem será pior, se você não for a esse show. A vida sempre continua, e o que você está sentindo vai passar".

Ele não tinha como saber que aquela lição me marcaria para sempre e essa conversa deixaria um aviso necessário dali a menos de dois dias: "Se um dia acontecer alguma coisa e eu não puder mais estar aqui, é importante você saber que na escrivaninha ao lado da minha cama tem uma gaveta com tudo de que irão precisar. A chave está junto com as chaves do carro". De uma maneira que eu entendi muito bem, ele ainda disse que ninguém sabe até quando ficará neste mundo, e que nada era mais importante na vida do que os ensinamentos de um pai e de uma mãe. Por isso, por mais brava que eu ficasse, nada mudaria a opinião dele. Na hora eu não dei importância, nem passava pela minha cabeça perder meu pai um dia, mas lembrei desse recado no dia seguinte à morte dele, quando aquele mesmo tio que telefonei na hora do crime buscava os documentos necessários para lidar com a burocracia do funeral. Até hoje me pergunto se, de alguma forma, ele sentiu uma premonição de que algo estava para acontecer.

Tive uma infância simples, típica de quem vive em uma cidade pequena, e muito diferente daquela das crianças de hoje. Anos atrás não existiam os recursos tecnológicos e muito menos a oferta infinita de distrações de todo tipo: on-line, off-line e sob demanda a qualquer momento. O acesso à televisão era limitado: o aparelho só era ligado para assistirmos a algum desenho na parte da manhã e ao *Jornal Nacional*, junto com os adultos. Até perder meu pai, eu nunca havia assistido a novelas: ele dizia que tínhamos que viver a vida de verdade, e não acreditar nas histórias contadas na TV, que muitas vezes nos influenciavam de forma negativa ao mostrar realidades fictícias remetendo a ideologias inadequadas. Se ele pudesse saber o quanto, ainda hoje, esse alerta é atual!

Todos os dias depois do jantar, saíamos para dar uma volta a pé e para cada um contar como tinha sido seu dia. Além disso, minha família não era abastada, meus pais eram bancários e levávamos uma vida bem regrada. Até meus 9 anos, moramos em uma casa perto da zona rural, onde tínhamos uma chácara. Só então nos mudamos para o centro da cidade, pensando em ficar mais próximos da escola onde meu irmão e eu estudávamos. Durante os três anos que a construção da nossa casa durou (a mesma casa em frente a qual o crime aconteceu), não ganhamos presente de Natal nem

Meus pais, eu e meu irmão no meu aniversário de 2 anos, cuja decoração foi toda produzida pela minha mãe.

de aniversário, pois todo o dinheiro que meus pais recebiam era destinado para a realização desse sonho. E desde cedo eu aprendi: ninguém vence sem abdicar de algo; toda conquista se dá mediante esforço, dedicação e alguma forma de renúncia.

Meu pai cresceu em uma família humilde de origem italiana. Ele "vestia a camisa" do banco em que trabalhava de forma exemplar, era o que os colegas falavam. Acordava cedo, ia dormir tarde, não parava quieto, fazia acontecer; com ele não tinha tempo ruim. Veio de uma família que, apesar das dificuldades, sempre cultivou os momentos de encontro e celebração a vida. Uma de minhas memórias mais ricas da infância é a da família inteira reunida, com meus dez tios e suas famílias, em festas, em almoços, na casa dos *nonni* em que era praticamente impossível ouvir o que o outro falava, tamanho o alvoroço e a empolgação pelo encontro. *Una vera famiglia italiana.*

Já minha mãe veio de uma família com algumas posses, mas que depois da morte precoce do pai dela, meu avô, não conseguiu manter o sucesso nos negócios e preservar o patrimônio. Meus bisavós eram imigrantes russos, o que significava carregar uma história de sofrimento e adversidades, tendo chegado ao Brasil fugidos da guerra. Minha mãe sempre foi uma mulher muito prendada – cozinhar era uma paixão, e ela segue até hoje sendo conhecida pelos pratos saborosos que prepara com muito amor. Também trabalhava fora, no mesmo banco em que meu pai. Ao ver a rotina deles, cresci aprendendo que toda recompensa exige um esforço, e assim eles nos prepararam para a vida. Ela foi um modelo de mulher para mim no sentido de cuidar de quem amava, mas ao mesmo tempo em que exercia sua independência. Um exemplo no qual me espelho para desempenhar os múltiplos papéis que hoje tenho na vida.

Minha mãe também gostava de casa cheia, mas os momentos de reclusão eram igualmente importantes. Nessas horas ela amava ler. Foi ela que me incentivou a também gostar dos livros e a entender que eles nos levam longe. Aos poucos, a leitura virou um hábito de vida, que procuro deixar como legado aos meus filhos. Pais que incentivam a leitura junto aos seus filhos deixam para eles uma bagagem de aprendizados que eles levarão para a vida, é o que aprendi em casa, vejo no consultório e estudos comprovam.[1]

O início da vida em conjunto dos meus pais não foi fácil. Com recursos escassos, batalharam muito para nos dar a vida que tínhamos. Eles se conheceram quando meu pai se mudou para a cidade depois de passar no concurso do banco, onde minha mãe também trabalhava. Ela já era da região e lá se casaram.

Primeiro tiveram meu irmão, que era cinco anos mais velho do que eu. André era um garoto sensacional, carismático e querido por todos. Na família, era o neto afetuoso, o primo parceiro, o sobrinho que conversava sobre tudo, o filho educado, que não dava trabalho e sabia se virar. Para mim, era um ídolo. Na escola, se esforçava para superar a dificuldade que tinha em algumas matérias e se destacava como um dos primeiros alunos da classe. Ele gostava de estudar, tinha uma determinação ímpar: antes da aula preparava o conteúdo que seria apresentado pelo professor, a fim de poder se familiarizar com o assunto novo.

Sabia que talvez não fosse o mais inteligente ou o que tivesse mais facilidade, mas encarava o desafio, assim ele era com tudo na vida. Adorava jogar vôlei e futebol, todo dia treinava duro para conquistar seu lugar no time da escola: pulava corda, subia e descia escadas, treinava saltos pela casa para ganhar mais impulso, e assim foi sendo um modelo que até hoje carrego dentro de mim. Incansável. É assim que para sempre lembrarei dele, e certamente tantas vezes reconheço ele dentro de mim quando não me entrego ao cansaço

---

1. WEIGEL, D.; MARTIN, S. & BENETT, K. *Ecological influencers of the home and the child-care center on preschool-age children's literacy development.* Disponível em: http://doi.org/10.1598/RRQ.40.2.4. Nov, 2011. Acessado em: 9 jan. 2025.

ou desânimo. Porque, sim, todos temos dias ruins, mas é a persistência que determina a efetivação dos nossos objetivos.

André era tão dedicado e esforçado em tudo o que fazia que hoje penso que no fundo ele sabia como cada momento era único. Ele era intenso e autêntico, até mesmo no sorriso, cujas gargalhadas escuto ainda hoje no meu coração; fez valer cada oportunidade que a vida lhe oferecia. Todos os dias quando acordo cedo e saio para correr, sinto seu entusiasmo pela vida pulsando dentro de mim.

André levava o nome do meu avô materno, que morreu quando minha mãe tinha 9 anos e virou nome de rua na cidade onde ela morou. Quando chegou a hora da escolha profissional, decidiu pela medicina. Ele seria o primeiro médico da família, em uma época em que isso era uma honra, por toda dificuldade de se chegar lá, sem falar no simbolismo desta profissão. Me lembro como se fosse hoje do dia em que saiu o resultado do vestibular: festa, emoção, uma euforia sem fim. Meu irmão foi estudar em outra cidade, onde dividia apartamento com seu melhor amigo, um ser humano incrível e hoje um conceituado neurologista, Daniel.

Depois de alguns meses de curso, ganhou um carro, e sempre que vinha nos visitar me trazia algo, nem que fosse um chocolate, e me levava para passear. Eu morria de saudade e, quando ele chegava, queria passar o tempo inteiro por perto. À noite, levava meu colchão para o quarto dele e dormia ali, no chão, depois de ficarmos conversando até tarde.

Ter um irmão é melhor do que ter um melhor amigo. Irmãos brigam, e como em toda relação, as diferenças geram atritos, os quais porém não podem ser impeditivos do cultivo desta nobre relação. Como analista de famílias, lamento toda vez que atendo uma em que esse vínculo fundamental não é valorizado ou, pior ainda, é atrapalhado por pais que incentivam a competição entre os filhos e, com isso, contribuem para transformar irmãos em adversários. Sou imensamente grata à adequada condução que meus pais sempre tiveram junto a nós dois, e assim desejo que tudo que compartilho hoje se torne fonte de inspiração nas famílias com relação a esse vínculo tão precioso.

Os fins de semana eram quase sempre na nossa chácara ou na fazenda de algum amigo da família, onde passávamos em contato com a natureza, brincando com os animais, andando a cavalo, colhendo frutas no pé ou simplesmente estando juntos, conversando e convivendo. Guardo lindas memórias daquela época. Uma delas, em especial – a de ter uma ameixeira no pomar da chácara –, fiz questão de materializar no lugar em que moro hoje, como forma de reproduzir com meus filhos a infância feliz que eu tive.

Retrato de uma infância simples e feliz: com dois filhotes em uma tarde de brincadeiras no sítio.

Meu pai e eu em um evento tradicionalista gaúcho, usando roupas típicas.

> A vida moderna tem nos transformado em seres excessivamente competitivos, fazendo com que os valores e princípios que edificam nossa essência se percam em meio à ganância, ao orgulho e ao egoísmo. A família deixou de ser, para muitos, o bem mais precioso que pode haver, e pais, seduzidos por uma sociedade que os convoca o tempo todo a um ideal narcísico de perfeição, esquecem do único lugar onde não podem ser substituídos: seus lares.

Luciana Deretti

Até hoje guardo memórias que abrandam a saudade que muitas vezes sinto, como a da minha fruta preferida quando criança: ameixa amarela. Meu pai plantou uma árvore e ela cresceu tanto que um dia não alcançávamos mais os galhos para colher as frutas. Então era uma alegria pegar a escada, subir no telhado da casa do caseiro e conseguir pegar as ameixas mais distantes. Era uma aventura também, porque eu tinha que vencer o medo de cair se quisesse comer ameixa. Cenas simples, mas repletas de afeto e aprendizados. Como psicanalista de crianças, há algo que não posso deixar de comentar: sim, eis as vivências de que tanto carece essa geração "tecnológica".

Quando meu marido e eu mudamos da capital e, no interior, construímos uma casa com bastante espaço e contato com a natureza, quis plantar a minha ameixeira. Quando vieram as primeiras frutas, tirei uma foto embaixo dela com meu filho mais velho. Nesse momento, uma emoção tomou conta de mim, dando a certeza não só de que Deus existe, mas também de que na vida jamais devemos desistir daquilo que desejamos.

A árvore está lá, linda, crescendo mais um pouco a cada ano, assim como meus meninos. E, quando estou ali com eles, me sinto a pessoa mais feliz e abençoada. Todos nós podemos realizar nossos sonhos se batalharmos por eles, não desistindo pelo caminho. Meu maior sonho, depois de perder metade da minha família, era construí-la de novo. O que consegui. E você, sabe o que move seu viver?

Meus pais eram muito dedicados a tudo que faziam e nos ensinaram a mesma lição: não bastava sermos bons, tínhamos que estar entre os melhores. Isso só é possível quando fazemos as coisas com garra e determinação. Não tem a ver com ser melhor do que o outro, mas competir consigo mesmo, sendo melhor a cada dia. Superar suas dificuldades e limitações é uma das mais importantes virtudes das pessoas de sucesso.

"

Muitas vezes, focamos mais as dificuldades da vida do que as possibilidades que ela oferece. Lamentar-se e entregar-se a sentimentos que nada acrescentam não levam a lugar algum. Reconhecer as dores que importam nos ajuda também a valorizar o que nos faz feliz.

Luciana Deretti

Eles repetiam que o conhecimento é um tesouro que os ladrões não roubam. Com isso, me fizeram gostar de estudar e querer aproveitar a oportunidade de ir à escola. Não à toa, sempre estive entre as primeiras da turma. As férias escolares eram uma mistura de tempo livre e vários cursos: datilografia, culinária, ponto-cruz, pintura em pano de prato, vidro ou porcelana, pintura em tela com tinta a óleo... E ainda o resumo de pelo menos três livros. Às vezes reclamava de tantas tarefas, mas, quando olho para trás, vejo que, na verdade, essas vivências foram fundamentais na edificação das minhas habilidades.

Ao ver tantos pais dando acesso ilimitado à tecnologia a seus filhos hoje em dia, sinto imenso desconforto como terapeuta de famílias. Ter a oportunidade de experimentar essas e outras atividades manuais ajudou a moldar minha personalidade, permitindo que eu exercitasse a persistência e determinação desde cedo, desenvolvendo habilidades úteis para a vida num todo. Não me tornei artista, artesã ou chef, mas descobri que coisas simples são imensamente prazerosas e, de certa forma, dão sentido ao cotidiano; além disso, por mais difíceis que pareçam, com esforço e repetição, elas dão certo. Adoro cozinhar para meu marido e meus filhos, momentos que são, inclusive, de relaxamento quando não estou imersa no meu lugar profissional. Durante as férias, opto por diminuir nossa rede de apoio para que nossos filhos se responsabilizem também pelas demandas da casa. Às vezes eles não entendem de imediato minha proposta, mas ao verem que conseguem, que ajudar a família é importante, desenvolvem uma capacidade de cooperação que será fundamental para a vida futura. É nas coisas mais triviais que podem passar despercebidas no dia a dia, que a vida se torna valiosa.

Quando meu irmão passou no vestibular de medicina, ao ser um dia enaltecido na sua conquista ele fez um comentário que jamais esquecerei. Segundo ele, o lixeiro teria tanta importância na sociedade quanto um médico, pois de nada adianta o médico curar se não existir alguém para manter os ambientes higienizados, o que não deixa de ser parte do controle de infecção. Um todo é feito de muitas partes, e todas são essenciais para manter o funcionamento e o bem-estar de uma comunidade. A vida é feita de memórias, e com meu irmão aprendi que a humildade é uma das qualidades mais belas que um ser humano pode ter.

Enquanto meu pai era vivo, íamos todo sábado à igreja. Ele era muito religioso e fazia questão de ensinar que mais importante do que seguir uma crença específica era ter fé: acreditar na existência de algo acima de nós que deve ser respeitado. Meus pais estavam sempre envolvidos em ações sociais, o que me ensinou desde cedo que somos todos irmãos perante Deus.

Éramos uma família de classe média, mas meus pais faziam questão de que convivêssemos com todas as realidades. Dessa forma, desde cedo aprendi a dar valor a tudo o que eu tinha – à casa onde morava, aos brinquedos que podia ter, à família amorosa, à vida confortável e aos momentos de alegria –, pois nem todo mundo tinha a mesma condição que eu. Mesmo que eu tenha perdido metade da minha família, o que é irreparável e para sempre doloroso na vida de qualquer pessoa, isso me fez entender que a vida é agora e gerou dentro de mim uma consciência que me faz tornar grandiosos momentos que, para outras pessoas, podem ser irrelevantes.

A infância simples, com uma educação rígida, repleta de afeto, me deu uma bagagem de vida fundamental para me tornar quem sou. Apesar de ter meu pai e meu irmão presentes por catorze anos junto a mim, a qualidade do vínculo que construímos ao longo desse curto espaço de tempo foi maior do que muitas pessoas têm a oportunidade de experimentar tendo familiares vivos até a velhice. As horas juntos eram de presença genuína e intensa afetivamente. Pais presentes emocionalmente são uma dádiva na vida de um filho. Mais importante do que a quantidade do tempo de convivência, é a qualidade do estar junto. Quando lembro de como vivíamos nossos dias, tenho a sensação de que, de alguma forma, sabíamos que nosso tempo nessa existência seria curto, e nada é mais valioso do que o que vivemos com quem amamos.

Sem dúvidas esse repertório de convivência foi responsável pela forma com que encarei os desafios que a vida me apresentou. Só fui aprender na vida adulta que isso funcionou para mim como o que na psicologia chamamos de resiliência, estratégia de *coping* ou enfrentamento: aprendizados construídos ao longo da vida que se transformam em recursos para lidar com as adversidades, situações difíceis e eventos estressantes – no meu caso, se transformaram em uma espécie de arsenal de guerra para superar a intensidade do que vivi. Filhos aprendem com o que falamos, mas ainda mais com o que assistem das nossas atitudes e ações. Na busca por manuais ou fórmulas mágicas para educar um filho, muitos pais têm esquecido da essência desse cuidado: amor, presença afetiva, limites e princípios; eis uma equação que jamais será perfeita, mas quando administrada com adequação, de acordo com a individualidade de cada criança, irá gerar capacidades muitas vezes inimagináveis.

## ESTABELECER LIMITES É DAR AMOR

"A felicidade não pode depender de você ouvir 'sim' para tudo que acha que merece ou que é justo", foi o que meu pai me disse naquele dia em que não me deixou ir ao show que eu tanto queria, mesmo eu tentando de todas as formas, como uma legítima adolescente, argumentar. Eu tinha medo do meu pai e da minha mãe, e não porque fossem autoritários, me batessem ou intimidassem. Naquela época, inclusive, não havia a disputa teórica ou até mesmo ideológica que existe hoje em torno do cuidado e educação de um filho. Eu nunca quis decepcionar meus pais, e hoje entendo o quanto eles eram

> Ensinar aos filhos que
> o tesouro mais valioso
> que existe reside nas coisas
> simples da vida é uma
> das maiores heranças
> que se pode deixar.

Luciana Deretti

ideais para mim. Com afeto, demonstravam verdade e firmeza ao estabelecer os limites. Isso trazia relevância ao que falavam, mostrando que somente queriam nos proteger de um risco real. Assim, aprendi a não questionar em demasia quando a resposta era "não". O diálogo sempre foi uma prática muito valorizada em minha casa, mas jamais descontruía a importância da diferença geracional e a perspectiva hierárquica que existia. Quando lembro que sentia medo dos meus pais, penso que esse sentimento se misturava muito com a noção de respeito. Eles nunca me ameaçavam bater ou castigar; na verdade eu nunca apanhei. Eu, embora tendo aqueles momentos de reclamações ininterruptas que todo adolescente vive, tinha consciência do que eles significavam na minha vida, o quanto se esforçavam para nos proporcionar o melhor e o quanto nos amavam. Hoje tenho certeza que eles foram "cirúrgicos" ao educar com amor e firmeza, sem violência e com muitos limites, a mim e meu irmão, ao que sou imensamente grata.

Como terapeuta de famílias, trabalho intensamente com meus pacientes para mostrar a importância do papel de cada um dentro deste núcleo. Os adultos têm a responsabilidade de providenciar um ambiente seguro, física e emocionalmente, para que os filhos possam crescer e se desenvolver. Por outro lado, os filhos devem seguir os acordos estabelecidos e entender que todos temos obrigações, por menores que sejam. Devemos cumpri-las não apenas porque é o certo a se fazer, já que na vida sempre existirão regras e obrigações, mas também porque nos sentimos melhor quando realizamos as tarefas com amor e da maneira correta. A capacidade de cooperar, senso de equipe e estratégias de relacionamento são habilidades que começam a ser desenvolvidas na infância.

A vulnerabilidade emocional da geração atual de adolescentes, na qual rupturas amorosas, por exemplo, são vividas de forma dramática, é resultado da falência da capacidade de lidar com os relacionamentos, com as diferenças e com a frustração.

Nem sempre quem amamos vai nos satisfazer ou concordar com nossa opinião, e essa capacidade de elaboração das vivências começa a ser desenvolvida na infância. Conviver com as diferenças, entender que nem tudo será como desejamos e tolerar a frustração são lições que se aprendem em casa, não em um namoro ou no casamento, quando nosso funcionamento psíquico já está estabelecido.

Existem muitos "modismos" atualmente quando o assunto é parentalidade e todas as responsabilidades, obrigações e cuidados associados ao manejo junto a crianças e adolescentes. Uma quantidade enorme de perfis nas redes sociais, com potencial de influenciar milhões de seguidores, muitos deles mães e pais, propagam informações nem sempre confiáveis a esse respeito. Um tema que frequentemente gera polêmica e debates intensos – quando não se é bloqueada para fazer comentários, como eu já fui algumas vezes, por discordar de certos posicionamentos, mas na intenção de acrescentar pontos de vista diferentes à discussão – diz respeito à importância de impor limites aos filhos.

A era digital, com a chegada das redes sociais, permitiu a disseminação de novas teorias, ou poderíamos chamar de ideologias, em relação à forma de educar e inclusive amar os filhos. Defendidas por "pseudoespecialistas", muitas vezes pessoas sem real formação técnica podem ser perigosas porque desconsideram a experiência clínica dos profissionais da saúde mental, psicólogos e psiquiatras que estudaram e se preparam por anos para serem capazes de avaliar verdadeiramente o impacto das ações dos pais na vida de um filho. Alguns desses "profissionais" defendem teorias que pregam a igualdade de direitos para pais e filhos ou então o acolhimento incondicional, negando a noção de que as crianças e os adolescentes, muitas vezes, precisam ser conduzidos na forma de entender as cenas da vida, e necessitam de limites para a constituição do seu psiquismo, sem contar no aprendizado de que ações erradas têm consequências na vida. São perfis que propagam a ideia de que estabelecer limites é uma "ideia adultista", uma desculpa para oprimir e controlar os filhos. É um verdadeiro ataque à hierarquia familiar e à instituição família, ainda que encoberto pela defesa dos ideais de liberdade e respeito.

Outras abordagens argumentam que é preciso esperar o tempo de cada criança para o incentivo à evolução de cada fase do desenvolvimento. Por exemplo, existe uma teoria que diz que a criança precisa estar pronta, do ponto de vista neurológico, para entender a noção de limite, ou então que dormir na cama dos pais, na configuração "cama compartilhada", seja algo importante até que a criança se sinta segura para dormir sozinha, tempo esse que em algumas famílias pode chegar a até quase 10 anos. Essas orientações em razão das "bases neuronais" são muito perigosas, pois nem sempre a idade cronológica de uma criança corresponderá exatamente ao seu desenvolvimento neurológico. Corre-se o risco de que ela já seja capaz de entender muitas situações e que se perca o *timing* para o que se está querendo ensinar. Com isso, em vez de proteger a criança, muitas vezes pode-se acabar agindo de forma a desprepará-la para a vida. Com relação ao sono, por exemplo, nenhuma criança precisa dormir no meio dos pais para se sentir segura, o que não impede de que ela seja acolhida excepcionalmente no meio da noite em razão de uma condição de saúde ou medo. Sem extremos, sem ideologias, certamente estaríamos fragilizando muito menos a geração que vem crescendo.

Nesse cenário, muitas crianças têm sido criadas por pais que, pelo medo de traumatizá-las, acabam potencializando a onipotência infantil ao fazer com que elas entendam que conseguem tudo o que querem, contribuindo para criar adolescentes e adultos incapazes de lidar com as frustrações inevitáveis da vida.

A onipotência é uma característica constitutiva do psiquismo infantil, necessária nos primeiros tempos de vida até que a criança entenda a existência de um mundo além do universo dela e da mãe. A entrada do pai, ou um terceiro que representará o mundo externo, o que muitas vezes se dá inclusive com as pequenas frustrações, é uma forma de preparar a criança para a vida, em que nem tudo será como ela deseja. Impedir que os filhos pequenos se frustrem, ou ceder às suas reações por medo de perder seu amor, acreditando que isso aumentará a confiança deles nos pais, é uma grande armadilha.

Esses movimentos resultam em grandes equívocos, gerando prejuízos para o desenvolvimento emocional dos jovens e para o relacionamento entre pais e filhos. Afinal, todos iremos nos deparar com limitações, dores e situações que não têm explicação ou que não conseguimos entender, mas que simplesmente temos que aceitar. Ou seja, esperar a criança ter plena capacidade de compreensão cognitiva para viver a frustração, como teorias que consideram somente o aspecto neurológico sugerem, pode originar problemas futuros muito sérios.

Quando um pai ou uma mãe explica ao filho que fica chateado ou triste com ele, ou o deixa sem algo de que gosta por não concordar com alguma atitude sua, é simplesmente porque o ama; isso não vai abalar a relação de confiança entre eles, como muitas das novas teorias propagam. Porque só quem ama se preocupa, quer o bem e se envolve a ponto de ficar exausto, inclusive parecendo aos olhos da criança aquele pai e mãe "chatos". Estabelecer uma hierarquia, colocar limites e esperar que os filhos respeitem os combinados é uma forma de cuidado, e não de violência.

É dever dos pais, e não da escola, orientar para o que é certo e errado. Isso é cuidado e proteção, é mostrar à criança que ela não está sozinha e que tem alguém com quem pode contar para apoio, amparo e condução. Crescer demanda segurança e autonomia, ter pais seguros em seus papéis é um modelo que auxilia a criança com relação ao seu olhar perante os riscos do mundo. É a forma com que se estabelecem os vínculos na infância que garantirá que ela saiba lá na frente que tem para onde voltar se for preciso, que tem alguém que sempre se preocupará com ela e estará ali para o que der e vier.

E o grande debate de que ter medo distancia pais e filhos? Não vejo problema a criança ter um pouco de medo dos pais quando isso estiver ligado a uma relação de idealização. O medo faz parte da vida, e aqui me refiro ao medo de perder a admiração ou magoá-los. É claro que existe o medo terrorífico (que pode estar ligado a experiências traumáticas e perturbadoras, um tipo de medo que paralisa), mas não é desse que falo aqui. Estamos tratando de uma experiência de medo que alerta para o que é bom e o que não é. Uma criança pode sentir medo dos pais por saber que eles são a representação da lei paterna, das leis do mundo lá fora, do que é certo e errado, e apontarão quando não estão de acordo com o esperado. Isso não impede que ela saiba que eles são seu porto seguro. Essa percepção faz parte do processo de constituição da personalidade. Não querer desapontar ou perder alguém pode ser algo muito simbólico, pois só não queremos perder aqueles que amamos. Ser firme com um filho não significa não ser amável. Uma criança pode não querer decepcionar os pais justamente por saber o quanto eles são importantes e especiais. Respeito e consideração são dois conceitos que se entrelaçam nessa perspectiva.

Limites são necessários para a estruturação do psiquismo de todos nós. Se os meus pais não tivessem, por meio do diálogo, me ensinado que na vida nem sempre podemos ter tudo que queremos e que nem tudo é do jeito que a gente quer, eu certamente teria enfrentado uma dificuldade bem maior para aceitar a tragédia que ocorreu na minha família. Poderia ter no mínimo me revoltado ou me entregado ao vitimismo.

Um exemplo com o qual quem cresceu nos anos 1980 certamente irá se identificar: quando criança, eu queria muito ter uma Barbie, mas meus pais nunca me deram. Ganhei uma

Susi, que era uma boneca de baixo custo, mas que, segundo eles, poderia me proporcionar as mesmas brincadeiras. Eles estavam certos: eu me divertia muito com a boneca, e apesar da minha fúria na época, viver a frustração de não ter a boneca mais sonhada foi importante para o desenvolvimento dos meus recursos de enfrentamento da vida hoje. Ter aprendido a lidar desde cedo com a frustração foi o que permitiu, à medida que eu entrava na vida adulta, entender que, a partir daquele 12 de outubro de 1998, minha vida nunca mais seria como eu queria, mas nem por isso deixaria de ser especial e de ter um sentido.

"

Não precisamos ter MUITO para
ter TUDO de que precisamos.


Luciana Deretti

**CAPÍTULO 2**

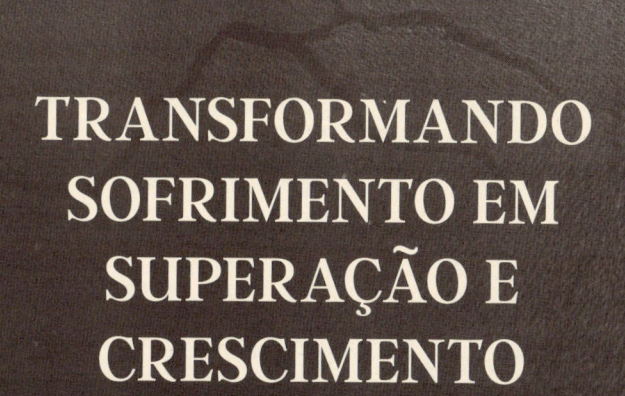

# TRANSFORMANDO SOFRIMENTO EM SUPERAÇÃO E CRESCIMENTO

Você já parou para pensar como deve ser acordar um dia e se dar conta de que nunca mais poderá abraçar ou ouvir a voz das pessoas que mais ama no mundo? É claro que até aquele dia, o primeiro depois da perda do meu pai e do meu irmão, isso nunca havia passado pela minha cabeça. Hoje posso afirmar que não existe dor maior. É difícil descrever em palavras a intensidade do sentimento: é como se rasgasse o peito e abrisse um abismo na alma, que nunca mais será preenchido.

A cabeça girava em pensamentos, as cenas do dia anterior voltavam à memória como se fosse um filme. Minha vontade era poder apertar um botão e voltar as imagens para, quem sabe, fazer aquela história ter um final diferente.

Toda vez que um dos meus pacientes, em sofrimento e sem conhecer a minha história, diz "Luciana, quando você perder alguém que ama muito, vai entender o que estou falando", eu penso que tive "sorte" de aprender muito jovem que não podemos ficar presos às dores do passado; é preciso encontrar maneiras de fazer a vida valer a pena, assim como não há dor nem sofrimento que não possamos superar.

Muitas vezes passamos por situações que nos abatem e nos fazem acreditar que não vamos conseguir nos reerguer, ou acordamos desanimados para mais um dia de trabalho e rotina. Nesses dias, e em todos os outros, minha sugestão é que você experimente agradecer, em vez de reclamar. Eu, pessoalmente, acordo todos os dias às cinco e meia da manhã, assisto ao nascer do sol e sinto imensa gratidão por estar viva. Depois daquele trágico dia, penso sempre ao acordar que, se estou aqui, viva, é porque deve haver uma razão. E você, já parou para pensar por que Deus permite que você, a cada manhã, acorde para um novo dia?

A dicotomia "viver e morrer" nos acompanha desde o nascimento. A partir do início da vida, a única certeza que se tem é de que um dia morreremos. Ainda assim, grande parte das pessoas nega essa verdade e escolhe morrer, aos poucos, muito antes do tempo. A forma com que lidamos com a realidade, os sentimentos que cultivamos em nosso coração, a maneira como enfrentamos os desafios da vida e a nossa rotina diária, incluindo a alimentação e outros hábitos, são variáveis que interferem no nosso tempo futuro.

Poucos dias depois do crime, eu quis retomar a escola. Era uma maneira de escapar do ambiente de casa, que não me deixava esquecer que a vida nunca mais seria a mesma. Era uma forma de evitar aquele lugar de desamparo. Quando perguntavam como eu me sentia, eu não sabia responder, tudo era novo e tão dolorido. Estava anestesiada, era como se eu não existisse em muitas situações. Enquanto as amigas viviam conflitos da adolescência, minha preocupação era como seguir a vida.

Minha mãe falava que eu podia fazer o que tivesse vontade, inclusive não precisava mais estudar se não quisesse, nem naquela semana nem nunca mais. "Vai que amanhã você morre, terá desperdiçado seu tempo", ela justificava, fora de sua razão, obviamente. Ela não tinha forças de continuar vivendo, a sua dor era imensurável.

No início me sentia perdida, não sabia bem o que estava fazendo ali, não tinha como prestar atenção nas aulas. Os amigos queriam me abraçar e perguntar como eu estava. Eu era uma menina de 14 anos e me sentia totalmente deslocada, não me encaixava mais naquele mundo de que antes eu fazia parte. Enquanto minhas melhores amigas conversavam sobre festas e reclamavam do pai chato e da mãe que não deixava fazer nada que queriam, eu não tinha mais meu pai comigo e minha mãe passava os dias dopada, sob efeito de medicação.

Tudo na minha vida havia se invertido. Até então eu tinha tido um pai rígido, ao qual eu tinha medo de desobedecer ou decepcionar. E agora me via com uma mãe que me deixava livre, sem nenhum freio ou limite. Eu poderia ter escolhido qualquer caminho, inclusive o das drogas, afinal, não foi uma nem duas vezes que tive oportunidade de experimentar. E eu não tinha ninguém que me repreendesse ou julgasse, era eu por mim mesma. Mas uma pergunta que eu aprendi muito cedo me salvou. Quem eu quero ser na vida?

Essa é uma pergunta que meu pai e minha mãe me faziam constantemente, em uma provocação para que desde cedo eu me sentisse responsável pelas minhas escolhas. O trabalho deles era nos sustentar, amar e dar condições para trilharmos nosso caminho. Lembro-me como se fosse hoje deles dizendo que, se eu conseguisse dar conta de estudar e ir bem na escola naquela idade, no futuro, quando os desafios fossem maiores, eu também conseguiria. Se considerarmos que nossa inteligência emocional se constrói a partir das crenças que edificamos ao longo da vida, promover um ambiente familiar que propicie vivências saudáveis e encoraje para os desafios do cotidiano, é, sem dúvida, uma das principais heranças que os pais podem deixar para um filho. O que você diz e como diz impactará na vida dele para sempre.

Anos atrás eu provavelmente não sabia o que seria mais adequado fazer naquelas circunstâncias, mas estava decidida a assumir as rédeas da minha vida e fazer o que fosse preciso para que as coisas dessem certo. Eu tinha uma única certeza: o que era certo e errado, e lembrar o que meu pai me ensinou em cada palavra e gesto, era uma forma de mantê-lo vivo em mim. Eu tinha dois caminhos totalmente possíveis, mas ter internalizado em mim a lei paterna, algo que trabalho muito com minhas famílias no consultório, foi o que me protegeu dos riscos da vida lá fora.

Lembro que muitas vezes este pensamento me vinha em mente: "O que vai ser de mim sem meu pai e meu irmão e com uma mãe sem forças para viver? Eu não tenho mais ninguém". Não existe nada mais mobilizador do que não ter alternativa. Se

> Você é o único responsável pela vida que tem, portanto, é o único que tem o poder de mudá-la.
>
> Luciana Deretti

desistisse de mim, eu estaria escolhendo a morte. Tinha dentro de mim tanto lastro de afeto recebido até ali, e uma certeza acerca dos valores e princípios, que isso me possibilitou ter a determinação necessária para correr atrás dos meus sonhos.

Uma semana depois do crime, a única coisa que sabíamos era que o assassino era um cliente devedor da carteira agrícola do banco onde meu pai trabalhava (o qual foi identificado ainda na noite do acontecido), mas estava foragido.

Era uma tortura e uma sensação terrível de desamparo por ele estar solto; agora éramos só minha mãe e eu, ele sabia onde morávamos. Por dias o telefone tocava com pessoas oferecendo pistas do assassino em troca de dinheiro. A parte lamentável do ser humano. Até que uma noite, por volta das sete horas, o telefone tocou e eu atendi. A pessoa do outro lado da linha se apresentou dizendo que morava em uma cidade a cerca de duzentos quilômetros e estava acompanhando o crime pela TV, onde viu a foto dele anunciado como fugitivo. Ela contou que vira aquele homem na rodoviária, comprando uma passagem para Mato Grosso, e deu o horário em que o ônibus partiria. Quando desliguei o telefone, os passarinhos de estimação que meu pai com tanto carinho cuidava, e que nunca mais tinham cantado, iniciaram os mesmos sons que faziam quando ele assobiava para eles. Interpretei aquilo como um sinal de que aquela angústia estava chegando ao fim. Avisamos a polícia, que armou uma blitz na saída da cidade e finalmente prendeu o criminoso dentro do ônibus. Apesar do alívio, infelizmente aquilo não resolvia o maior dos problemas, mas diminuía o medo. Hoje valorizo a sensação de paz que tenho toda vez que estou na nossa casa, com minha família perto de mim. Parece algo simples, mas não para quem um dia já sentiu medo de fechar os olhos e dormir.

Provavelmente você, leitor, esteja se perguntando: mas por que isso tudo? Meu pai exercia a função de fiscal do banco, sendo subordinado ao gerente geral. Suas tarefas

"

Aproveite cada momento que tiver com as pessoas que ama e não deixe de dizer o quanto são importantes para você. Pode ser que as palavras acabem se tornando a única lembrança preciosa na sua vida e na vida do outro.

Luciana Deretti

eram múltiplas, e todas as semanas ele fazia um relatório de suas atividades para que a administração tomasse conhecimento. Após a prisão do assassino, foi possível entender a motivação do crime. Dentre as funções do meu pai na instituição estava a fiscalização dos empréstimos que os clientes faziam junto ao banco. O assassino era um devedor da carteira agrícola havia muito tempo. Naquele ano, foi feita uma securitização das dívidas agrícolas de determinado segmento. Isso significava que ela seria parcelada em dez anos e, para tal, o avalista concordava com os termos do novo contrato, cujo pagamento não poderia atrasar. A primeira prestação venceria naquele final de outubro. O avalista, já percebendo que o devedor, que era seu sobrinho, não iria pagar, mandou uma carta ao banco com o pedido de substituição de garantia. Quatro dias antes do crime, meu pai foi fazer uma vistoria na nova área que seria oferecida em troca da primeira. Avaliando ambas, a segunda tinha um valor menor, assim, a gerência não aceitaria, a decisão final era sempre da administração. Meu pai apenas dava o parecer. Dois dias depois o avalista e seu filho foram até a casa do assassino. Lá chegando, houve uma discussão entre eles, já que o tio o acusou por não ter cumprido os prazos e ter colocado em risco sua propriedade. No outro dia, domingo, esse indivíduo, segundo relato de familiares que consta no inquérito policial, tomou dez garrafas de cerveja e saiu determinado a resolver a situação ao seu modo. Sabendo onde morávamos, veio tirar satisfação, descarregando sua raiva em quem apenas estava cumprindo seu ofício profissional.

Uma das coisas que me fazia sentir segura era pensar que o banco estaria do nosso lado na batalha judicial que se iniciava, afinal, o crime tinha ocorrido em circunstâncias ligadas à atividade profissional do meu pai. Era como se o banco, que desde sempre fora o local de trabalho dos meus pais, passasse

"

Poder estar com quem você ama
é uma das maiores bênçãos da vida.


Luciana Deretti

a representar a metade da minha família que se foi, um tipo de porto seguro.

O processo começou a andar e nosso advogado percebeu que a instituição não estava agindo de acordo, negando inclusive documentos de que precisávamos para provar perante o tribunal que meu pai tinha sido vítima de um crime em decorrência da sua função, os quais tinham sido entregues ao gerente pela minha mãe no dia seguinte ao enterro, acreditando que poderíamos neles confiar.

Ao longo do processo, o banco tentou se eximir de qualquer responsabilidade, negando que o crime tivesse vinculação com sua função. Foi como se meu pai estivesse sendo morto pela segunda vez, agora em sua reputação e nas mãos da instituição pela qual dava o que tinha de melhor.

Mas, como diz o ditado, "a verdade tarda, mas não falha", na nossa cidade, havia uma mulher muito respeitada, docente em uma instituição acadêmica. Ela era portadora de uma mediunidade aguçada e fazia atendimentos terapêuticos. Durante uma consulta, ela me transmitiu uma mensagem que, segundo ela, meu pai estava pedindo que compartilhasse comigo. No recado, ele dizia estar aflito e queria que soubéssemos que havia documentos capazes de provar a verdade perante a justiça com relação aos motivos do crime. Eles estariam na terceira porta superior do armário que ficava no quarto dele e de minha mãe, na casa onde morávamos, dentro de um saco plástico.

Alguns meses antes do crime, um incêndio havia destruído a agência. Naquela época, os documentos eram todos de papel, nada era digitalizado, de modo que muita coisa foi consumida pelas chamas. Por algum motivo, depois do incêndio meu pai levou para casa uma pasta contendo os relatórios anteriormente mencionados, que haviam sido queimados apenas nas extremidades, sendo que o conteúdo estava perfeitamente legível. Era desses documentos que precisávamos para mostrar à justiça que o depoimento do gerente do banco faltava com a verdade, provando que o assassino tinha, sim, vínculos há muito tempo com a instituição, e que esta era a motivação do crime.

Cheguei em casa naquele dia após a consulta e contei à minha mãe sobre a mensagem que meu pai havia enviado, hoje sei que através da espiritualidade, dizendo onde deveríamos encontrar o que precisávamos. Ela até então não tinha mexido naqueles armários. Eis que, ao abrir a terceira porta da parte de cima do guarda-roupa, a surpresa: ali estavam os documentos de que precisávamos. Mais à frente falarei sobre o poder da fé e sobre as crenças que a partir desse momento passaram a ser um dos princípios que passei a seguir.

Quanto ao assassino, ele foi levado a júri popular e condenado. Infelizmente, muitos dos agravantes do crime foram retirados, como o fato de as vítimas não terem tido chance de defesa, já que os tiros foram pelas costas. Entendeu-se que o réu estava sob pressão do banco, que cobrava juros exorbitantes e jogava os clientes em um ciclo de dívidas impagáveis.

O sistema bancário recebeu mais atenção no julgamento do que o crime em si, e a dor da minha família foi colocada em segundo plano. O tribunal priorizou o argumento de que muitas pessoas em nosso país sofriam por viver em situação semelhante à do criminoso. Com as flexibilizações permitidas pela lei, como a diminuição da pena por ser réu primário, ele ficou preso por aproximadamente quatro anos, e num indulto de Natal saiu da cadeia. Hoje sabemos que está solto.

## PERDOAR PARA SE LIBERTAR

Até hoje ao saber da minha história, as pessoas me perguntam sobre o assassino: ele está preso? Respondo que não, e logo vem a pergunta: como você vive com isso? Respondo que entregamos seu destino nas mãos de Deus, já que a justiça divina não falha. Se a consciência dele o condena, não tenho como saber, mas sei que pensar nele não mudará nossa realidade.

Escolho não pensar nisso para ter paz. Foi também a condição para que minha vida continuasse. Muita gente acredita que perdoar é dar poder ao outro, engrandecer sua atitude ou ignorar a injustiça. Para mim, é o contrário: perdoar é uma forma de tirar dos ombros o peso de achar que podemos fazer algo para mudar as coisas quando, na verdade, não temos esse poder. Nada que fizermos irá trazê-los de volta. Nenhuma vingança nos faria sofrer menos. Quando perdoamos, entregamos ao universo a justiça e o acerto de contas para podermos focar naquilo que realmente está dentro do nosso alcance: nossas emoções e ações daqui para frente.

Ninguém precisa passar pelo que passei para entender que, na verdade, não temos controle sobre nada nesta vida. Hoje podemos estar aqui e abraçar quem amamos, mas o amanhã pertence a Deus. A única coisa sobre a qual temos controle é a forma como reagimos às circunstâncias. Apegar-se ao rancor, à raiva, à vingança e à revolta não traz o passado de volta e ainda torna nossos dias cansativos, tristes, nublados e sombrios. Não perdoar é uma forma de entregar a outra pessoa o poder sobre nossa vida.

Um exemplo: imagine que você está no trânsito e alguém corta com o carro na sua frente, quase causando um acidente. Você não está errado, e de alguma forma, aquela pessoa quase colocou você em risco. Ficar bravo, xingar, brigar ou alimentar rancor ou raiva mudará o que aconteceu? Pare para pensar e experimente fazer a si mesmo a seguinte pergunta, como gosto de fazer aos meus pacientes: será que daqui a dez anos você se lembrará desse episódio ou achará que ele fez alguma diferença na sua vida? Se nada de mais grave aconteceu ali, o mais provável é que isso não altere nada nem afete sua felicidade.

Quanto à minha história, talvez você possa dizer: "Ok, mas o que aconteceu naquele dia mudou a sua vida". Sem dúvida, mudou. É difícil pensar que o assassino do meu pai e do meu irmão esteja solto, podendo viver com a filha dele coisas que

> Não controlamos todas
> as circunstâncias da vida,
> mas podemos sempre controlar
> o efeito delas dentro de nós.
>
> Luciana Deretti

nem eu nem meu pai poderemos viver? Claro que é. Mas cultivar a revolta dentro de mim não teria me ajudado a lidar com a dor da saudade, que é o que realmente importa. Então decidi não permitir que nada, nem ninguém, controlasse o meu destino, porque ele pertence somente a mim. Perdoar não tem a ver com o assassino, tem a ver somente comigo e com a escolha de ser vítima ou protagonista da minha história. Eu escolhi seguir em frente.

Como psicóloga, diria que há três formas de lidar com o que nos faz sofrer: esquecer, entregar-se à compulsão, à repetição, ou perdoar. Esquecer é uma forma perigosa de tentar elaborar a dor, pois é o mesmo que empurrá-la para debaixo do tapete e viver fingindo que não existe. Significa negar uma realidade, o que demanda um esforço enorme do nosso psiquismo. Esse tipo de comportamento pode gerar outro destino, que é a compulsão à repetição. Quando não temos a chance de elaborar um acontecimento, trabalhando para tentar resolver dentro de nós o que se passou, a tendência é repetir a mesma realidade, nos colocando novamente em situações de sofrimento pela ação do nosso inconsciente. E, por último, a forma mais evoluída de lidar com os sentimentos hostis: o perdão. Perdoar é um destino possível quando se consegue elaborar o que se passou. Não perdoar é manter sempre perto aquela pessoa de quem queremos distância; é permanecer conectado a uma energia que desejamos afastar. Quanto mais ódio e rancor sentimos, mais nos tornamos prisioneiros desses sentimentos nocivos. Perdoar é libertar-se daquilo que nos faz mal, seja um fato, uma circunstância ou uma pessoa.

Quantas vezes agimos de maneira diferente do que deveríamos ou gostaríamos em determinada situação? Conduzidos por uma forma de interpretar determinado cenário, podemos agir e, depois de um tempo, rever nossa atitude e nos darmos conta de que erramos. Um aprendizado disso tudo foi acreditar mais no poder do universo. Culpar-se ou buscar exaustivamente um

"

É impossível encontrar a verdadeira
felicidade sem aprender a perdoar.
O perdão não liberta o outro,
mas principalmente a nós mesmos.
Quando entendemos a imperfeição
das outras pessoas, aceitamos
as nossas dificuldades.
Seja VOCÊ o foco da SUA vida.


Luciana Deretti

porquê muitas vezes não é efetivo. Em vez disso, questionar por que estamos cultivando algo que gera dor e sofrimento pode ser um bom caminho. Esta capacidade de encarar a realidade é essencial para nos aproximarmos da felicidade.

Muitas vezes me senti desamparada e vivi traumas para além da perda da minha família até entender que o mundo não é um lugar justo. Por que tantas pessoas maldosas sobrevivem, bandidos levam vários tiros e não morrem, enquanto meu pai e meu irmão, que eram tão bons e que tanto me ensinaram sobre praticar o bem, partiram tão cedo e de forma tão estúpida? Injustiças acontecem com todos nós, pela vida toda e em muitos contextos. Perdoar exige coragem, porque sair do lugar de vítima e assumir o protagonismo da sua história é tirar do outro a responsabilidade pelo que você vive e sente, é ser dono do seu destino.

Sabemos que o medo é um afeto inevitável e necessário. Em alguns momentos, ele é, inclusive, protetivo: sem ele, correríamos riscos não calculados e não enxergaríamos certos perigos, o que aumentaria a probabilidade de nos acontecer algo de ruim.[2] O medo pode ser libertador ou aprisionador, tudo dependerá do domínio que terá sobre nosso viver. Viver com medo é diferente de reconhecê-lo e interpretá-lo, e quando conseguimos enxergar isso, nos fortalecemos como seres humanos. Por exemplo, ter medo de nos arrependermos de não ter aproveitado a presença de quem amamos pode nos fazer estar mais presentes emocionalmente junto a essas pessoas.

Acredito que um dos principais benefícios de um processo terapêutico é provocar cada paciente, mesmo que de maneira indireta, a buscar uma compreensão mais clara sobre a vida e, assim, tornar-se capaz de trilhar o caminho para construir a própria felicidade. Isso passa por acreditar que nada na vida é por acaso, que Deus ou uma força maior, seja qual for a sua

---

2. CYRULNIK, B. *O murmúrio dos fantasmas*. São Paulo: Martins Fontes, 2018.

fé, está ciente de tudo. Quando cremos que existe algo além desta vida, que o mundo é muito maior e que estamos aqui de passagem a caminho da eternidade, nos livramos do peso de achar que podemos ou devemos fazer justiça. Aceitar que nem tudo acontece como gostaríamos e transformar a dor e o sofrimento em força de superação são formas de evitar que a vida se torne amarga e cinzenta.

A última foto tirada de nós quatro juntos. Para sempre na minha memória e no meu coração.

Agora, talvez você se pergunte: tudo bem esse entendimento sobre a morte, o perdão, hoje, quando se atingiu a maturidade, mas como na época, tão nova, você deu destino a tudo que aconteceu? Até o final da adolescência, concluímos a estruturação da personalidade. Todas as fases do desenvolvimento vividas até esse ponto têm seus conflitos básicos, que estruturam as capacidades com que vamos lidar com a vida e seus desafios. A adolescência, por ser a última fase do desenvolvimento, apresenta uma demanda maior devido à combinação da carga hormonal com as demandas emocionais.

Sim, eu era uma adolescente e a maior riqueza que eu tinha me foi tirada de forma abrupta. Entregar-me à raiva e à revolta, focando minha vida na dor, na perda e na condição de vítima de uma tragédia, era uma possibilidade. É o que muitas pessoas fazem quando enfrentam situações dolorosas. No entanto, precisei renunciar a qualquer desejo de fazer justiça com minhas próprias mãos (ou pelas mãos de pessoas que se ofereceram para isso – amigos do meu pai e familiares até hoje seguem inconformados) ou de odiar mortalmente quem me fez mal. Esse processo de entendimento não aconteceu em absoluto naquela época, mas os princípios da fé que aprendi cedo certamente foram importantes para essa elaboração.

O sofrimento de perceber nossa mortalidade não começa no processo de morrer.[3] Essa frase define a perspectiva que a morte tomou na minha vida. A dor da ausência está presente em todos os meus dias, mas o tempo ensinou a lidar com a saudade que ainda sinto, e assim sempre será. Naturalizar é diferente de banalizar. Não é sobre perdoar, esquecer, é sobre viver.

O que me ajudou a superar tudo que passei foi, também, perceber que a morte está mais próxima de nós do que imaginamos. Estive muito perto dela quando o assassino abaixou a arma ao olhar nos meus olhos, quando desistir de tudo foi uma opção para minha mãe e em tantas vezes que recusei a oferta de drogas, bebida alcoólica ou escapei de armadilhas que poderiam me levar à autodestruição. Transformei meu sofrimento em gratidão por estar viva, canalizando a energia da raiva em algo positivo, que até hoje abastece meus esforços para fazer cada dia valer a pena.

Embora eu reconheça a importância do saber psi, acredito que precisamos cultivar uma fé para viver melhor. Diante da

---

3. ARANTES, A.C.Q. *A morte é um dia que vale a pena viver*. São Paulo: Sextante, 2019.

nossa maior fragilidade, que é a ausência do absoluto poder e controle sobre a vida, só nos resta confiar na força divina, a maior de todas. Eis um dos maiores legados que meu pai deixou: a fé.

Frente a perdas traumáticas, o apelo a Deus impõe-se como uma necessidade urgente, e a cultura na qual o enlutado sobrevive oferece formas de preencher a falta dolorosa.[4] Sem que eu tivesse a clareza dos meus ideais e propósitos, e as bases da criação que meu pais proporcionaram, talvez eu não teria chegado até aqui. Sempre acreditei que Deus vê tudo, e mais cedo ou mais tarde o bem sempre vence. Cresci aprendendo os verdadeiros valores na vida e nossa responsabilidade sobre nossos atos e escolhas. Eis o que me levou a escolher o caminho do bem.

Quando falamos de perdão, estamos falando de fé e do sentido da vida. É fácil dizer que vivemos uma vida plena quando tudo vai bem, e que praticamos o amor ao próximo, como a Bíblia prega, quando o curso da vida nos poupa de injustiças que mudam o rumo de tudo. Mas e quando as coisas dão errado ou algo que provoca tristeza acontece por causa de outra pessoa? Nas vezes em que eu e minha mãe procuramos a Igreja Católica atrás de conforto, ouvimos que deveríamos perdoar quem nos fez mal, mesmo que fosse um assassino. Não foi fácil, mas olhar para a vida sob uma nova perspectiva e aceitar que nada ocorre por acaso, que sempre há uma razão por trás, foi transformador. Para minha mãe, era um pensamento ainda mais difícil de aceitar. Perder um filho, afinal, é uma dor imensurável. As coisas começaram a mudar quando nos aproximamos do Espiritismo e de uma perspectiva diferente sobre a vida e a morte.

Segundo ele, nossa existência é uma passagem, e cada encarnação é uma oportunidade de aprendizado e evolução.

---

4. CYRULNIK, B. *Psicoterapia de Deus*. Petrópolis: Vozes, 2018.

"

Quanto mais certeza sobre quais são nossas prioridades, mais valorizamos e nos aproximamos do que realmente importa na vida. O medo de perder quem amamos deve se tornar um incentivo para aproveitarmos de forma consciente os momentos de convívio, deixando de lado brigas e discussões desnecessárias.

Luciana Deretti

Aceitar a morte de quem amamos, ainda mais de uma forma estúpida e covarde, é um sofrimento que demanda muito tempo para amenizar.

Foi a partir da primeira vez que minha mãe foi ao centro espírita que tudo que vivíamos passou a ter um sentido diferente. Na primeira palestra, quando lá chegamos, o tema era "A Saudade", como se a espiritualidade soubesse o que precisávamos ouvir. As idas ao centro passaram a virar rotina, e minha mãe começou a se engajar cada vez mais, seja nos estudos ou nos trabalhos de assistência.

Agora vou contar para vocês o final da história que apresentei lá no início do livro. Lembra dos folhetos que minha mãe recebeu após aquela noite sinistra?

Pois bem, minha mãe, agora já trabalhando com essa senhora na assistência, um dia a interpelou: "Maria, como você resolveu ir lá em casa bem cedinho, aquela manhã, já que nem sequer nos conhecíamos?". Então ela relatou o sonho que tivera na noite anterior, e que não estava bem claro. Ela via minha mãe e eu em meio a ferragens retorcidas, num lugar que parecia uma mata não muito densa. Acordou de madrugada e disse para o marido que nos faria uma visita bem cedo, que não tomaria café com ele. Apesar de ele achar desnecessário, já que não tínhamos nenhuma proximidade. Mas ela estava decidida e foi!

Mais uma prova concreta da existência de Deus, Ele nunca nos desampara. Tem seus emissários aqui na Terra, anjos sem asas, um personificado nessa senhora. Que você esteja, Dona Maria, num lindo lugar, cercada de bons espíritos, junto aos seus amores que lhe antecederam nesta grande viagem. Depois da Dona Maria, minha mãe entendeu que aquela ideia jamais seria a solução.

O Espiritismo nos proporcionou um novo entendimento sobre a vida e a morte. No Catolicismo, há a crença de que Deus precisa de pessoas boas ao seu lado e que, por isso, elas partem cedo – como se fossem anjos chamados de volta ao

"

Quando sentir que as coisas não estão dando certo, apesar dos seus esforços, experimente mudar a perspectiva com que vê a realidade. Pare, respire e observe. Não desanime. O tempo e sua persistência sempre trarão as respostas de que você precisa.

Luciana Deretti

céu para ajudar a proteger quem permanece aqui na Terra. Embora essa ideia tenha oferecido algum consolo, foi a lógica da reencarnação que me trouxe um conforto maior através de uma fé raciocinada.

A crença de que a vida é um ciclo contínuo de aprendizado ajudou-me a encontrar um novo sentido não só para continuar vivendo, mas para persistir nos meus objetivos. Essa visão destaca o poder da fé na jornada de cada ser humano, o que se tornou ainda mais evidente para mim, especialmente após anos de experiência no consultório, além de ser o que muitos estudos comprovam.[5,6] Vou compartilhar mais sobre essa perspectiva no capítulo 7.

O perdão é libertador em muitos contextos: no cotidiano, na família, com os amigos, no trabalho. Ele beneficia não quem o recebe, mas quem oferece. O perdão é bom para quem perdoa. Afinal, julgar é algo muito perigoso, pois pode facilmente se transformar em uma sentença. Vale para todos os tipos de relacionamento, desde as relações amorosas até as de trabalho. A régua com a qual você mede o outro vale também para a sua vida, e muitas vezes o que condenamos nas outras pessoas é aquilo que não suportamos em nós mesmos.

Ele traz benefícios para saúde física e mental. Isso não significa que iremos relativizar ou esquecer o que aconteceu, mas essa perspectiva nos liberta para seguir em frente. Rememorar afetos hostis de forma demasiada influencia nos níveis de tristeza, prejudicando o equilíbrio emocional, elevando o risco de depressão e ansiedade.

Acompanhei muitos casos de pacientes mergulhados na amargura de relacionamentos frustrados ou no desamparo de

---

5. VISHKIN A., BIGMAN Y.E., PORAT R. et al. Que Deus descanse nossos corações: religiosidade e reavaliação cognitiva. *Emoção* 16:252–262, 2016.
6. GRANQVIST, P. & HAGEKULL, B. Longitudinal predictions of religious change in adolescence: Contributions from the interaction of attachment and relationship status. *Journal of Social and Personal Relationships*. 20 (6), 2003, p. 793-817.

nunca terem recebido dos pais o acolhimento e o carinho de que precisavam. Muitos justificam que não conseguiram ser bem-sucedidos profissionalmente ou que não têm determinação para estudar e conseguir passar em um concurso público, por exemplo, porque nunca foram estimulados pelos pais a acreditar em si mesmos.

Certa vez recebi no meu consultório a Maria, uma mulher amarga e infeliz. Embora tivesse filhas maravilhosas, seu discurso era repleto de queixas sobre como elas não a entendiam nem a valorizavam. Iniciamos o tratamento, mas o sofrimento de Maria era tão profundo que decidi realizar uma sessão vincular, um termo usado na psicanálise quando recebemos a família do paciente para uma sessão em que todos participam. Maria veio acompanhada do marido e das duas filhas.

Para minha surpresa, o relato que ela trazia, baseado em como percebia as ações e atitudes das moças e justificava seu sentimento de abandono, foi desconstruído naquele momento. As filhas, muito solícitas, apresentaram uma visão completamente diferente sobre a relação que tinham com a mãe, o que me permitiu desvendar o boicote que Maria inconscientemente fazia à própria felicidade. Ela foi criada por uma mãe que nunca a valorizou como filha. Quando nasceu, a família esperava que fosse o tão desejado filho homem. Esse desapontamento parece ter influenciado a capacidade da mãe de reconhecer a menina. Diferente das irmãs, Maria foi enviada para estudar fora, distanciando-se fisicamente da família, que, na época, acreditava estar agindo para o seu bem. Talvez, para seus pais, isso fosse um ato de amor, mas para Maria foi sentido como abandono. Assim, ela cresceu carente, projetando em amigas, irmãs, no marido e, agora, nas filhas, a falta de reconhecimento que sentia por parte da mãe.

Esse "trauma" não elaborado tornava confusos todos os relacionamentos da minha paciente, a ponto de gerar sofrimento desnecessário. As filhas contaram quantas vezes convidaram a mãe para programas variados, aos quais ela não ia por diversas razões, nunca aceitáveis. Elas falaram sobre o quanto tentavam incluir a mãe em momentos importantes de suas vidas, mas ela nunca parecia estar presente afetivamente. Quando falava das irmãs e dos sobrinhos, que segundo as filhas tinham muito carinho por ela também, Maria não conseguia celebrar as conquistas deles.

Em outras palavras, o fato de não ter vivido uma relação feliz e plena com a mãe a impedia de experimentar isso com as próprias filhas. Seja pela lógica da compulsão à repetição, em que o inconsciente não permitia que ela fizesse diferente e reeditasse o modelo de relação mãe e filha, seja pela dificuldade consciente de aceitar que suas filhas cresceram – e que, por mais importantes que sejamos na vida de alguém, isso não nos torna prioridade absoluta –, ela não conseguia aproveitar a família que construiu.

Ao longo do tratamento, Maria conseguiu se reconectar com sua versão menina, aquela que ansiava pelo reconhecimento da mãe. Juntas, elaboramos essa dor e o sentimento de solidão, permitindo que ela os deixasse para trás e pudesse se tornar a mãe que gostaria de ter tido. Após ressignificar seu passado, Maria se tornou mais presente afetivamente na vida das filhas, valorizando a relação que sempre prezou, mas que por muito tempo não conseguia viver plenamente.

Ter um filho é embarcar na aventura mais incerta que existe, mas também em um dos maiores e mais gratificantes desafios da vida. Por mais desejados e amados que sejam, os filhos nunca serão exatamente o que os pais esperam. Você pensa exatamente como seu pai ou sua mãe? Gosta das mesmas comidas, tem os mesmos gostos musicais? Seus esportes e passatempos se assemelham? Aposto que não! E isso diminui o amor, a gratidão ou o carinho que sente por eles? Ter filhos é assim: uma experiência repleta de recompensas, sucessos

"

A verdadeira beleza da vida não está
no que possuímos, mas no que somos,
seja sozinho ou na presença de alguém.
Transformar cada desafio em aprendizado
e cada momento em uma memória digna
de ser lembrada é uma capacidade
que dá sentido a nossa existência.


Luciana Deretti

e inevitáveis frustrações. Muitas vezes, tudo isso ao mesmo tempo. Falarei mais sobre essa relação nos próximos capítulos.

Por enquanto, quero instigá-lo a sair da zona de onipotência acreditando que nossa versão é sempre a que importa e reconhecer que a incompletude faz parte da vida, que nem sempre as pessoas irão satisfazer nossos ideais e expectativas. Não fazer isso é arriscar viver uma existência marcada por amargura e ingratidão, mesmo que se tenha muito a agradecer. Não esqueça, não somente as pessoas, mas a vida pode "falhar" com você.

Há pessoas que passam a vida inteira prestando mais atenção nas suas dificuldades do que nas suas conquistas. Nos meus primeiros anos de consultório, conheci Antônio, um homem grisalho, ainda que não fosse velho, com uma bagagem de vida extraordinária. Tinha morado em muitos países devido ao trabalho que exercia e conhecido diversas culturas e realidades. Antônio tinha uma vida aparentemente rica e interessante, mas cheguei à conclusão, depois de alguns atendimentos, que na verdade era pobre e insípida. Sabe por quê? Porque ele pintava sua história com cores tristes.

Ao longo de sua carreira, travou muitas batalhas e fez conquistas importantes. Suas falas, no entanto, eram marcadas pelos relatos de quantas vezes haviam tentado prejudicá-lo, as dificuldades que precisou enfrentar cada vez que assumia novas responsabilidades na empresa, quanto sua família reclamava por passar tanto tempo ausente e não reconhecer suas contribuições. Para ele, o mundo era desumano, e as pessoas, injustas, maldosas e ingratas. Uma nuvem de pessimismo pairava na sala durante as sessões. Por mais educado, gentil, elegante e simpático que fosse, tinha um discurso pobre e vazio.

A família era unida, ele sabia que havia proporcionado uma educação de alto nível aos filhos e experiências incríveis à esposa, mas se ressentia de que nada disso era reconhecido, que não estava fazendo mais do que sua obrigação. Só conseguia se lembrar das reclamações que ouvia da família. No trabalho, a mesma coisa: Antônio era incapaz de se recordar de momentos descontraídos ou de algum aprendizado que tivera com os colegas, só trazia lembrança das rasteiras que havia tomado. Talvez por falta de espiritualidade ou pela educação que recebera dos pais, ele desconhecia os conceitos do amor ao próximo, da compaixão, do perdão. Reconhecer que todos somos imperfeitos. Assim como todos temos um lado bom e outro não tão bom, a vida e suas circunstâncias também são assim. É compreender que o sofrimento não pode ser determinante do fracasso de uma trajetória. Quem consegue enxergar a vida por esse prisma tem a senha para a liberdade e a felicidade.

Quando perdemos algo de que gostamos, podemos desenvolver a capacidade de ser grato pelo que temos, e isso passa a se dar no momento em que reconhecemos o simbolismo dessa perda.[7] Desejo que meus leitores não precisem viver um décimo do que eu vivi para escolherem celebrar as coisas boas e encontrar a felicidade nos momentos cotidianos. O medo de morrer ou de ficar sozinha me levou a focar nas possibilidades que eu tinha em cada momento de decisão, e não no que eu não podia modificar ou resolver. Diante de uma situação adversa, quantas vezes você foca e valoriza o que está ao seu alcance em vez de se lamentar ou se deixar tomar por indignação, fúria e rancor, mesmo sabendo que isso lhe paralisa? A dor e o sofrimento são inevitáveis, mas o cultivo deles é opcional.

---

7. CORTELLA, M., KARNAL L. & PONDÉ, L.F. *Felicidade*: modos de usar. São Paulo: Planeta, 2019.

"

Que ninguém precise chegar
à beira da morte para reconhecer
a bênção que é estar vivo.


Luciana Deretti

**CAPÍTULO 3**

# DE VÍTIMA A PROTAGONISTA

Morte e vida são perspectivas que andam sempre juntas: sem uma, a outra perde o sentido. Todos nós sabemos que nossa existência tem início, meio e fim, e não há como ter certeza de que o dia de amanhã chegará, tanto para nós mesmos quanto para aqueles que temos ao nosso lado. Ter consciência disso deveria bastar para apreciarmos a vida em todos os seus aspectos, bons e ruins, tornando-a mais autêntica e valiosa. No meu caso, perder duas das três pessoas que eu mais amava foi o que me ensinou a reconhecer o valor de cada dia, dos pequenos momentos de felicidade e até dos desafios e obstáculos que aparecem pelo caminho. Foi a minha história que me fez ter a certeza de que tudo, ao final, tem um porquê de existir e acontecer.

Uma das maiores perdas que a morte traz é o olhar sobre nós daquele ente que se foi – afinal, somos quem somos a partir do olhar do outro. Muitas vezes não imaginamos o poder transformador que uma palavra de incentivo pode ter para outra pessoa, seja alguém próximo ou um desconhecido. Posso falar por mim mesma, me lembrando de um episódio ocorrido no mesmo dia em que escrevia este capítulo. Estava em uma feira rural na minha cidade, depois de meses sem aparecer ali, e a feirante, me reconhecendo, perguntou por que nunca mais havia me visto ali. Respondi que quem estava fazendo aquela rotina ultimamente era minha mãe. Descrevi quem era, mas ela não identificou, então quis saber: "Sua mãe é simpática assim como você?". "Não só simpática, mas feliz por escolha", eu respondi.

Aquele era o décimo quarto dia da maior enchente já registrada no Rio Grande do Sul, em 2024, que havia levado embora casas, negócios, plantações, destroçado várias famílias. Estávamos todos bastante sensibilizados. Eu sabia que muitos dos feirantes não estavam ali justamente porque tiveram as plantações levadas pelas águas.

"

Você pensa no poder que possui de,
todos os dias ao acordar, escolher
o caminho que deseja trilhar
para realizar seus sonhos e fazer
sua vida valer a pena?


Luciana Deretti

Ver o sorriso daquela mulher ao falar da forma como eu me apresentava junto a ela me emocionou. Se ela levou consigo o que falei, não posso saber, mas minha certeza de que ser feliz é uma escolha diária fez ainda mais sentido naquele dia, assim como foi prova do impacto que nossos pequenos gestos podem ter na vida das pessoas. Poder inspirar as pessoas a sorrir mais e apreciar os momentos simples do dia a dia é, hoje, uma das grandes motivações que tenho, não só com meus pacientes, mas nas redes sociais, neste livro e na vida lá fora.

Toda vez que situações assim, acontecem é como se eu encontrasse na outra pessoa o meu pai ou o meu irmão. Um dos meus grandes aprendizados foi que, no final, somos todos iguais; nascemos, vivemos e morremos. A morte é implacável, ela sempre vem para todos nós. Eis o decreto de Deus de que somos irmãos. Sendo assim, viver em harmonia é bom para nós e para quem está do outro lado, seja filho, marido, sogra, vizinho ou um mero desconhecido. A energia que sinto toda vez que me abro para o universo estando nessa frequência transcende qualquer narrativa.

Meu pai e meu irmão foram as pessoas mais felizes e entusiastas que conheci. Toda vez que deixo alguma marca no coração das pessoas, sinto um acolhimento profundo em minha saudade.

O luto pela perda deles foi uma experiência que edificou meu viver. Não foi fácil, como nunca é, para ninguém. Mas é uma vivência necessária para superar a dor e retomar o contato com o mundo exterior após uma perda importante. É o processo desencadeado pelo rompimento de um vínculo, uma espécie de luta que ocorre internamente para conseguirmos dar destino às memórias e ao amor de quem se foi.

A morte é a perda mais diretamente associada a esse sentimento, mas não é a única. O término de um relacionamento, uma demissão e até a aposentadoria podem significar quebras de laços e gerar processos de luto profundo. Quando um vínculo quebrado era de amor genuíno, a dor é proporcional à intensidade do sentimento vivido na relação que a morte interrompeu, porém é por meio desse amor que nos reconstruímos.[8]

O luto é uma experiência individual e não há regras para vivê-lo de modo indolor. A pessoa enlutada passa por uma jornada emocional complexa após a perda, em que é comum sentir tristeza, medo e desespero, querer isolar-se do mundo e não mais se interessar por atividades que antes eram prazerosas. Cada indivíduo pode experimentar um conjunto diferente de reações ao atravessar esse período, que também pode durar menos ou mais tempo dependendo de sua personalidade, experiências de vida e circunstâncias da perda em questão. De modo geral, é um processo que leva de quatro a seis meses, mas, dependendo do contexto, esse tempo pode se prolongar. De qualquer forma, costuma-se dizer que há pelo menos quatro fases até alcançar a aceitação de sua nova condição de vida, segundo o modelo da psiquiatra suíça Elisabeth Kübler-Ross: negação, tristeza, raiva e barganha ou negociação. Esses estágios não são lineares nem fixos para todos os casos.

Para mim, as primeiras sensações foram de negação. Eu evitava pensar nos acontecimentos dramáticos e tentava viver como se não estivesse passando por aquele turbilhão de mudanças, tudo isso enquanto lidava com a enorme burocracia relativa aos falecimentos. Como minha mãe inclusive mergulhou em um luto profundo e limitante, precisei assumir as rédeas da nossa vida financeira. Se nem mesmo viver ela queria em alguns momentos, que dirá cuidar de todo o resto. Aos 14 anos, precisei aprender o que a vida queria me ensinar.

Passada a turbulência inicial, as pessoas foram retomando sua rotina, o que não condeno, é claro, pois todo

---

8. ARANTES, A.C.Q. *A morte é um dia que vale a pena viver*. São Paulo: Sextante, 2019.

mundo tem a sua vida. Enquanto isso, eu me via mergulhada em uma dor insuportável, que parecia corroer meu corpo por dentro. Lembro-me de passar madrugadas inteiras chorando, angustiada e amedrontada. Acendia e apagava a luz do quarto inúmeras vezes durante a noite, desejando que a vida tivesse voltado ao normal a cada vez que o escuro dava lugar à claridade.

O tempo não passava, e a dor parecia só aumentar. Me olhava no espelho e pensava que aquela vida que tinha até poucos meses atrás nunca mais voltaria, estava vivendo dentro de um pesadelo. Sentia tudo isso misturado com um intenso sentimento de revolta – como aquilo podia ter acontecido? A comoção geral em razão da tragédia gerava uma atmosfera de empatia e compaixão em torno de nós, o que muitas vezes se confundia com pena. Eu me recusava a assumir o papel de vítima e abraçar sentimentos de impotência e autocomiseração. Minha mãe, muito deprimida, me concedia uma liberdade incomum, ainda mais para uma filha adolescente. Então, ou eu agarrava as rédeas da minha vida e me direcionava ao objetivo de vencer ou, provavelmente, não estaria aqui hoje.

## A FELICIDADE ESTÁ NAS PEQUENAS COISAS

Esse foi o caminho que percorri até a elaboração do trauma que vivi aos 14 anos. No consultório, trabalho junto às famílias que acompanho, provocando os pacientes que têm filhos a perceber a importância do tempo da infância na formação do seu psiquismo. Os recursos de enfrentamento desenvolvidos nos primeiros anos da criança serão ferramentas valiosas para lidar com os desafios e a realidade no futuro.

Todo traumatismo nos transtorna e traz o trágico para o enredo da vida, porém, quando conferimos um sentido a esse acontecimento, ganhamos o controle sobre o lugar dele na nossa

"

Quando nos mantemos firmes em um propósito, estamos condicionando nosso cérebro para o enfrentamento das dificuldades e situações difíceis, o que nos torna mais fortalecidos e capazes para as batalhas da vida.

Luciana Deretti

história, em vez de permitir que nos domine.[9] Assim deve ser com um trauma ou com qualquer outra situação vivida. Nada é eterno ou definitivo.

Quando perdemos alguém, o tempo faz com que a saudade aumente, mas temos a chance de aprender a conviver com ela, além de que a falta permite que novas associações e afetos se construam a partir dali. E é isso que faço todos os dias. Sempre que corro na rua, de manhã cedinho, lembro-me das pessoas que amo e que já se foram, mas também sou profundamente grata pelas que ainda estão aqui. Depois de correr, volto feliz para acordar meus filhos e viver ao lado do meu marido a vida que escolhemos, todos os dias.

Hoje, quando paro para pensar em como encontrei força dentro de mim para superar a tragédia, vejo que a resiliência transformada em entusiasmo com a vida, somada a características individuais potencializadas pela criação que tive, cheia de afeto e estímulos positivos, são parte da explicação. Além disso, é claro, o apoio psicológico e a fé foram recursos fundamentais.

Ninguém continua o mesmo depois de superar um trauma ou uma dor. É preciso recomeçar, por mais difícil que pareça. Importante: é neste desafio que mora a maior possibilidade de crescimento e superação. É somente vivendo o momento presente que construímos o nosso futuro.

Ter vivido uma perda familiar irreparável fez com que eu criasse dentro de mim uma maneira de viver em que cultuo cada momento, buscando sempre colocar a atenção no que pode haver de especial em cada situação, por mais banal que seja. Ações cotidianas, como levar os filhos à escola, fazer uma refeição em família e jogar conversa fora com um amigo, são vivências que me trazem uma alegria imensa e fazem com que eu me sinta, naquele momento, a pessoa mais feliz do mundo.

---

9. CYRULNIK, B. *O murmúrio dos fantasmas*. São Paulo: Martins Fontes, 2005.

"

Pessoas de sucesso, após perdas ou derrotas, não buscam culpados ou se apegam ao acontecido. Elas olham para frente, assumem de alguma forma a responsabilidade pelo que aconteceu, nem que isto signifique assumir as consequências sobre seus efeitos.

Luciana Deretti

Muita gente com quem convivo diz que minha marca registrada é meu sorriso no rosto. O que nem todo mundo conhece é a história que existe por trás dessa expressão.

O psicólogo e economista israelense-americano Daniel Kahneman (1934-2024) deixou uma enorme contribuição para o entendimento de como percebemos a felicidade na vida cotidiana. De acordo com Kahneman, ganhador do Prêmio Nobel de Economia em 2002, não é fácil conceituá-la, e a busca por tentar fazer isso de forma simples e objetiva é um dos principais obstáculos para conseguirmos experimentá-la. Segundo ele, somos divididos em duas dimensões: o Eu da experiência e o Eu da lembrança.

O Eu da experiência refere-se ao momento presente, às emoções e sensações que experimentamos enquanto vivemos as situações da vida. O Eu da lembrança, por sua vez, é aquele que reconstrói o passado e forma uma narrativa sobre o que vivemos. Ele não se baseia nas sensações imediatas, mas nas memórias que temos de vivências passadas. Esse Eu tende a destacar momentos marcantes e picos emocionais, influenciando nossa percepção de felicidade ao longo do tempo.

Com isso, determinada experiência pode ser muito prazerosa quando ocorre, mas se terminar de forma negativa, o Eu da lembrança pode guardar uma percepção ruim do fato como um todo. Por exemplo, quando alguém assiste a um filme bom, mas com um final ruim, a chance de avaliar o filme negativamente é grande. Por outro lado, uma experiência dolorosa no momento em que foi vivida pode ser lembrada com menos pesar se buscarmos recontá-la extraindo significado, reflexão e aprendizado.

A partir desse conceito, Kahneman explica que existe uma diferença entre como as pessoas experimentam a vida no dia a dia e como lembram da vida e a avaliam de modo geral. Para cultivar uma felicidade profunda e duradoura, é importante ter consciência dessa distinção e agir para equilibrar as duas dimensões, ou seja, focar em maximizar os eventos positivos cotidianos e, ao mesmo tempo, criar boas memórias do que foi vivido e refletir sobre o significado das experiências negativas.

Em tantos anos de atendimento, tive pacientes que se diziam satisfeitos em relação à vida e ao trabalho, que admitiam ter uma rotina agradável, bons relacionamentos e sentiam-se realizados pelo que materialmente haviam até então conquistado. No entanto, quando questionados se podiam se considerar felizes, muitos não souberam me responder. Uma espécie de vazio interno, uma ausência de sentido era o que seu discurso remetia. O número de pessoas que sentem-se satisfeitas com o que têm, mas não necessariamente felizes, pois falta alguma coisa, só cresce. O que a contemporaneidade nos apresenta em termos de valores e prioridades será cada vez mais motivo de encontrarmos pessoas afortunadas do ponto de vista financeiro, porém pobres emocionalmente. Pessoas que têm tudo, mas ao mesmo tempo nada.

## PERSONAGEM PRINCIPAL DA MINHA VIDA

Quando chegou a época de prestar vestibular, minha mãe e vários parentes tinham a expectativa de que eu escolhesse a faculdade de Medicina – seguindo os passos do meu irmão – ou de Direito – aí, quem sabe um dia, eu poderia me tornar juíza e honrar o julgamento injusto pela morte dele e do meu pai. Não optei por nenhuma das duas. Ambas as profissões me conectariam com a minha história de uma forma amarga e pesada e, decidindo por uma delas, eu estaria de algum modo tentando reproduzir caminhos e escolhas que não eram meus. Eu queria trilhar a minha própria jornada, construir uma história que fosse minha desde o início.

Nada me entusiasmava mais naquele momento do que estudar psicologia. Eu queria entender como poderia ajudar outras pessoas a enfrentar as situações difíceis da vida. Se

"

Você já parou para pensar o que define uma história de vida? Qual é o seu propósito? O que faz você feliz? Toda história pode ser triste, mas também alegre. Mesmo quem viveu cenas dignas de um filme de terror pode extrair delas sentido e aprendizado, se puder ressignificá-las. Maturidade, fé, determinação e persistência serão recursos que ajudarão a trilhar esse caminho.

Luciana Deretti

eu tinha conseguido, haveria de ser possível para todos. Pensar sobre a vida era o que me atraía. Até ali, talvez eu não imaginasse a proporção que minha escolha profissional tomaria. Hoje sei que nasci para isso. Quando me vejo aqui, escrevendo este livro, me dou conta de que não era aonde pensava um dia chegar, afinal, praticar a psicologia no consultório era o meu sonho inicial. Muita gente tentou me convencer a escolher outro curso, argumentando que eu nunca teria uma segurança financeira ou uma vida próspera como poderia ter sendo médica, advogada ou juíza. Diziam que, sendo inteligente e estudiosa, e tirando sempre ótimas notas, eu deveria optar por uma profissão que tivesse mais reconhecimento e perspectiva de futuro. "E por que ajudar as pessoas a serem felizes não seria digno de reconhecimento? O que poderia ser mais importante do que isso?", eu pensava. Salvar vidas e lutar por um mundo justo são nobres ofícios, não há dúvida. Mas nada pode fazer sentido se não soubermos, primeiro, quem somos, o que nos move na direção de nossas metas e propósito e o que nos abastece internamente, ou seja, de que precisamos para sermos felizes. Eu estava decidida a ser psicóloga.

Minha mãe, ainda muito envolvida com seu sofrimento, afinal, não havia passado dois anos desde que tudo aconteceu, tinha dificuldade de enxergar a vida no futuro e de imaginar que eu pudesse chegar a lugares aonde meu irmão nunca mais chegaria. Àquela altura, o fato de eu existir e fazer planos significava, para ela, ter a obrigação de continuar viva por mais tempo. Por isso, era difícil encontrar motivação para vibrar com esse tempo futuro. Mas nada me segurava, e mesmo sozinha, eu acreditava que tudo valeria a pena.

Eu tinha a possibilidade de estudar na cidade onde morava e ficar perto da minha mãe, mas não queria continuar ali e ser para sempre vista como a vítima de uma tragédia. Poderia, também, escolher uma cidade de porte médio, maior do que

Santa Rosa e não tão grande quanto a capital. Mas escolhi ir para Porto Alegre, onde teria a chance de viver uma realidade diferente, com tudo novo. Eu precisava reescrever o enredo desta história.

Fui com minha melhor amiga, mas não desisti de cursar a faculdade que eu tanto sonhava. Mesmo precisando viajar todos os dias, entrando numa faculdade onde nenhum dos meus amigos de vida estariam, lá me fui. Mesmo diante do pior dos cenários, se você respirar fundo, sempre verá uma luz no fim do túnel.

A Universidade Federal não era meu foco porque, naquela época, não era tão reconhecida na área da psicologia clínica. Havia outra universidade muito boa, embora em outra cidade da região metropolitana e que não aplicava o tal teste psicotécnico. E um fato muito interessante: logo no primeiro ano após eu ter ingressado na faculdade, este exame caiu em desuso. Fui lá, me inscrevi no vestibular desta universidade, passei, mas decidi seguir cursando na universidade que já tinha ingressado. Só queria provar que era capaz de também estar lá. Foi nesta que vivi cinco anos memoráveis da minha vida. Morava numa cidade e estudava em outra. Mas me manter próxima daqueles amigos que trazia da escola, que estiveram comigo nos momentos mais difíceis da minha vida, era importante. Por muitos anos eles foram – e até hoje são – vínculos que considero imensamente na minha vida. Mesmo tendo que viajar todos os dias, eu estava cursando a faculdade tão sonhada. Era isso que importava e que fazia tudo valer a pena.

Logo depois que meu pai e meu irmão morreram, toda data festiva passou a ser muito triste, por isso hoje celebro todas elas com intensidade. Minha mãe só chorava, e eu dependia de amigos e vizinhos, que me acolhiam para que eu tivesse com quem passar a festa; era muito difícil para ela essas celebrações. Quando conseguia, viajava até Santa Catarina para ficar com tios e primas que eram e são um porto seguro para

> Saber aonde queremos chegar torna qualquer esforço ou sofrimento mais tolerável. Quando algo tem sentido, passa a fazer parte da nossa vida, por mais estranho ou difícil que pareça. Trata-se de acreditar, persistir, não desistir. Vitórias não acontecem por acaso.
>
> Luciana Deretti

mim. São pessoas especiais, que fizeram a diferença para que eu me sentisse amada em tempos tão difíceis. Algumas delas, lendo estas páginas, certamente se lembrarão de ter me recebido em alguma noite de Natal ou Ano-Novo. Era horrível, também, esperar um convite para almoçar aos domingos, pois só assim eu teria companhia para comer, afinal, por muito tempo minha mãe passou o dia fechada no quarto, sem conseguir fazer nada além de dormir. Como era bom poder estar com aquelas pessoas; lembro da sensação como se fosse hoje. Você já parou para pensar como receber um convite, ser lembrado, pode ser tão especial?

Apesar de muitos me julgarem por ir morar a sete horas de distância da minha mãe, que só tinha a mim, sair da cidade tinha um sentido. Às vezes me sentia culpada. Tudo pelo que passei, inclusive me deparar com a vulnerabilidade emocional da minha mãe, algo que ainda estava ali, fez com que eu tomasse aquela decisão. Precisei tornar-me responsável pelo meu destino muito precocemente, e isso me ensinou que não podemos depender do incentivo de ninguém para ir atrás daquilo que é importante para nós. Desejo que você, leitor, passe a acreditar mais nos seus sonhos e, mais do que isso, saiba tomar as atitudes necessárias para torná-los reais. Porque não basta sonhar, é preciso realizar.

Minha mãe me visitava em certas ocasiões, ficando alguns dias comigo. Outras vezes, era eu que ia visitá-la. Era um ritual melancólico: pegar o ônibus tarde da noite e chegar cedinho na minha cidade, onde minha mãe me esperava com a mesa do café da manhã servida com tudo que eu gostava de comer, naquela mesma casa onde morávamos quando todos ainda estavam ali. Era triste e vazio, ela não tinha novidades para me contar e eu tampouco me animava a expressar a empolgação por estar descobrindo e aprendendo tanto longe de casa. Ir embora era importante. Se antes eu já adorava a família barulhenta, os parentes que contam histórias intermináveis e a gritaria em volta da mesa no almoço de fim de semana, passei a valorizar ainda mais essa "vida", da qual tinha tanta saudade. Quantos adolescentes, ou mesmo adultos, reclamam que os pais palpitam demais, perguntam demais sobre sua vida? Talvez só aqueles que um dia tiveram e depois perderam tudo isso são capazes de entender a falta que esse tipo de coisa faz.

Era uma menina do interior morando sozinha na cidade grande. Foi nessa época que comecei a desenvolver as habilidades que mais tarde me tornariam a "relações públicas" da família, como meu marido hoje diz brincando. O fato de estar em um cenário onde ninguém conhecia minha história – e eu tinha a possibilidade de deixar o passado para trás – me fez muito bem. Em pouco tempo fiz muitos novos amigos. Mesmo assim, tinha dificuldade para contar tudo que tinha acontecido comigo até aquele momento e escolhia com cuidado com quem compartilhava minha história.

No início, era com pouquíssimas pessoas. Me incomodava ver o espanto no rosto delas enquanto me ouviam. Não queria, de jeito nenhum, ser vista como uma menina sem família e que tinha passado por tanto sofrimento, a coitadinha. Preferia pensar e falar na minha vida dali para a frente e sonhar com tudo o que poderia fazer com ela. Assim, fui me tornando a Luciana da faculdade, amiga de todos, amiga dos amigos dos amigos, a bolsista de pesquisa, a vizinha querida no prédio onde morava...

Na vida amorosa, tinha muita reserva com relação às possibilidades que surgiam. Para mim, namorar era coisa séria, era para casar e ter uma família. Eu era criteriosa, chata até. Não queria alguém só para passar o tempo, e sim um companheiro com quem pudesse construir o que havia perdido.

Na faculdade, era totalmente focada em estudar. Lia muito, até hoje. Me destacava em trabalhos de pesquisa e aproveitava todas as oportunidades que apareciam para me desenvolver. Se havia uma professora precisando de um aluno para ajudar em um projeto, escrever um artigo ou organizar os capítulos de um livro, lá estava eu me candidatando. Olhando para trás, minha dedicação aos estudos era o que me fazia sentir viva e esperançosa no futuro; era uma questão de sobrevivência. Lembra quando falo da importância de ter um propósito? Depois de estar viva, o meu era ser uma psicóloga que fizesse a diferença na vida das pessoas.

Até entrar na faculdade, o único tratamento que eu fazia para me manter mentalmente saudável e conseguir levar a vida era tomar remédios psiquiátricos. Quando comecei a estudar, decidi que não queria mais depender deles para me sentir bem. Os aprendizados de psicologia reforçaram que era possível. A partir daí, fui reduzindo os medicamentos aos poucos, até abandoná-los, e tive minha primeira experiência com terapia, de abordagem psicanalítica, que foi transformadora e me mostrou o verdadeiro significado da experiência de um tratamento na vida de uma pessoa. Falarei sobre isso adiante.

Outra coisa que ajudou a me equilibrar emocionalmente foi o esporte. Desde pequena fui incentivada pelos meus pais a praticar atividade física de todos os tipos, e foi assim que experimentei basquete, vôlei, handebol e até atletismo. A modalidade em que me saía melhor era o handebol, jogando na defesa. Como é uma posição que demanda força e garra, mais até do que técnica, eu me destacava nela. Eu marcava as adversárias nem que tivesse que ir ao chão com elas. Talvez fosse uma amostra da determinação que eu já tinha dentro de mim.

O esporte, assim como a vida, ensina que o sucesso é construído sobre a base da resiliência, da determinação e da capacidade de se superar, dia após dia. Ninguém precisa ser o mais inteligente ou nascer com as aptidões certas para alcançar grandes feitos – as habilidades se constroem com dedicação e esforço. Derrotas fazem parte da jornada de um vencedor. No esporte, ganhar não significa vencer a partida ou a competição.

Significa, acima de tudo, superar a si mesmo: saber de onde começamos e aonde chegamos.

O esporte também ensina a lidar com a frustração, estabelecer metas realistas e perseverar para alcançá-las. Muitas vezes, caímos na armadilha de comparar nossa vida com a dos outros – algo que as redes sociais incentivam constantemente. No entanto, a verdadeira comparação deve ser feita com nós mesmos: quem éramos e quem nos tornamos ao ultrapassar nossos medos, adversidades e desafios. Essa consciência nos permite experimentar uma satisfação genuína e duradoura.

Ninguém consegue manter a jornada de esforço e dedicação sem pequenas conquistas e recompensas ao longo do caminho, por isso é crucial estabelecer metas adequadas e alcançáveis. Quando nos impomos objetivos distantes demais, corremos o risco de desanimar ou perder a confiança no meio do percurso. Olhando para trás, vejo a mulher em que me transformei e entendo: o que me trouxe até aqui foi um passo atrás do outro (uns mais pesados, outros menos) e a certeza de onde queria chegar.

Praticar atividade física regularmente ajuda a equilibrar nossas capacidades cognitivas e melhora a saúde mental de forma significativa, além dos benefícios para o corpo. O hábito de se movimentar ajuda a prevenir e a aliviar sintomas de transtornos emocionais, pois neurotransmissores como serotonina e endorfina são liberados, atuando na redução da inflamação, no reforço da imunidade, no melhor funcionamento do sistema nervoso central e na elevação do humor – tudo isso junto se reverte em vantagens que se estendem para várias áreas da vida.[10]

---

10. BASTOS, F. *O ciclo original: como nossa intervenção no planeta gerou um descompasso evolutivo que nos adoeceu e o que fazer para resgatar a saúde e o equilíbrio perdidos.* Porto Alegre: Citadel, 2024.

"

A vida é como um jogo: nem todas as vitórias terão prêmios e nem sempre ganhar significa vencer. Vencer é difícil, porém aceitar o fracasso ou a derrota também não será fácil. Escolher a dificuldade que prefere enfrentar é uma das formas mais inteligentes de ser protagonista do seu sucesso.

Luciana Deretti

Estudos mostram que quem faz exercícios tem menos risco de ter depressão, estresse e ansiedade e costuma apresentar autoestima melhor do que quem não faz. A atividade física é um estímulo à neurogênese (formação de novos neurônios) e à neuroplasticidade, o que auxilia na adaptação a novas situações na vida.[11] Por isso, pessoas sedentárias estão mais propensas a desenvolver transtornos mentais e a sucumbir ao estresse. Qualquer atividade física é melhor que nenhuma e nunca é tarde para começar. Com persistência e encontrando uma modalidade que estimule e dê prazer, em pouco tempo se tornará um hábito, o que será ainda melhor.[12]

Depois de toda tragédia, descobri que correr ou andar de bicicleta sempre que sentia um aperto no peito eram modos eficazes de aliviar o sofrimento. Semanas após o crime, quando eu notava as pessoas me olhando por onde quer que eu passasse, saía correndo para evitar o mal-estar que aquilo me causava. Muitas vezes eu fugia da escola e ia correndo até o cemitério.

Chegando lá, olhava o túmulo da minha família, caminhava um pouco e voltava, sempre correndo. Na época da faculdade, duas coisas me davam muito prazer: estudar e correr. Eu corria todos os dias, sentia uma sensação de liberdade maravilhosa, de que eu poderia chegar aonde quisesse, conquistar tudo o que desejasse. Até hoje o esporte faz parte da minha rotina; corro quando estou bem e quando não estou; sim, porque mesmo que fale aqui para você o quanto acredito que ser feliz é uma escolha, também tenho meus dias difíceis, eles fazem parte da vida. Correr faz eu me sentir viva, não importa por quanto tempo ou quantos quilômetros eu complete. Mesmo

---

11. DISHMAN et al. Customary physical activity and odds of depression: a systematic review and meta-analysis of 111 prospective cohort studies. *Br J Sports Med.* 55 (16): 926-934, ago. 2021.
12. SALVAGIONI, D.A.J., MELANDA, F.N., MESAS, A.E. et al. Physical, Psychological and Occupational Consequences of Job Burnout: A Systematic Review of Prospective Studies. *PloS One.* 12 (10), e0185781, 2017.

que sejam apenas quinze minutos, ou que eu entre e saia rapidinho da academia porque a agenda daquele dia está cheia, pouco é sempre melhor do que nada. Se me perguntam: "Mas tão rápido?", eu respondo: "Sim, fiz o que pude". Porque, na vida, é assim também: o importante é continuar, fazer o que está ao nosso alcance, com as condições que temos, independentemente da meta que for. A perspectiva da perfeição é relativa, pois se estamos vivos, é porque ainda temos algo por realizar ou aprimorar. Se fôssemos perfeitos, estaríamos prontos, então qual seria a graça de estar aqui? Qual a graça de viver sem metas, objetivos? Sem falar que pessoas perfeitas parecem chatas, você já percebeu isso?

Entre ser vítima ou protagonista da minha história, transformei a dor e o sofrimento em pulsão de vida, para seguir em frente. Todo desespero, medo, fúria, insegurança que senti poderiam ter sido razão de um triste desenrolar ao longo dos anos, mas escolhi viver, e acreditei que ser feliz seria possível. Mais importante: sempre carreguei comigo uma certeza. Ensino meus filhos perante qualquer problema que enfrentam e inclusive provoco meus pacientes a pensar: toda dificuldade ou desafio pode ser um degrau a mais na nossa escalada de evolução e crescimento de todos nós, se assim desejarmos. Com este livro, quero ajudar você a tornar isso possível, independentemente da sua realidade, se você assim verdadeiramente quiser.

"

Muitas vezes, vivemos sem nos dar conta
do quanto isso é grandioso, e não temos
ideia da marca que deixamos no mundo e
na vida de outras pessoas. Como você quer
ser lembrado quando não estiver mais aqui?
Essa pergunta orienta todos os meus dias e é
um bom questionamento para definir a vida
que queremos ter e aonde queremos chegar.
É sobre o trajeto, os caminhos, os recursos,
os erros e os acertos. É sobre a vida.

Luciana Deretti

**CAPÍTULO 4**

# A BÊNÇÃO DE COMPARTILHAR A VIDA COM OUTRO SER HUMANO

Em um mundo cada vez mais individualista, materialista e ambicioso, as pessoas têm prestado cada vez menos atenção à importância dos relacionamentos. Um mundo onde o que temos vale mais do que quem somos ou quem temos ao nosso lado. Nesse contexto, a felicidade escorre pelas mãos, pois os bens materiais são efêmeros, enquanto os afetos e as memórias vividas com quem amamos são eternos. Infelizmente, essas conexões têm se perdido também em uma realidade onde as interações virtuais têm maior relevância em detrimento das relações humanas. Viver novos papéis e lugares, oportunidades que toda experiência de estar com outro ser humano nos oferece, é uma possibilidade de evolução para todos nós.

Meus anos de faculdade foram incríveis, a realização do sonho de começar a entender como funciona nosso psiquismo (a mente humana) e, a partir daí, poder ajudar as pessoas a viver melhor. Nessa época, conheci alguns rapazes e cheguei a namorar um deles, mas depois fiquei sozinha por um bom tempo. Eu sentia falta de ter uma família e sabia que no momento certo encontraria a pessoa que faria meu coração bater mais forte. Enquanto isso, me sentia preenchida pelo afeto dos amigos e investia minha energia nos projetos da faculdade.

Uma das maiores heranças que meu pai deixou, talvez tenha sido a capacidade de lidar com as pessoas e valorizar os laços afetivos que construímos. Muitos brincam que eu seria bem-sucedida trabalhando em qualquer área que exigisse habilidades de comunicação e relacionamentos interpessoais, afinal, tenho um perfil agregador e essa facilidade inata para me vincular as pessoas.

A capacidade de interagir, expressar nossos pensamentos e sentimentos, nos colocar no lugar do outro e compreender pontos de vista diferentes começa a se desenvolver na infância, inicialmente nas relações familiares e ao longo da vida escolar. Com o tempo, por meio das amizades na idade adulta, dos

"

Seja um "colecionador de vínculos".
Toda pessoa que cruza seu caminho
tem algo para ensinar.
A felicidade se potencializa quando
temos com quem compartilhá-la.
Estar entre pessoas que vibram na
mesma frequência que você é também
escolher a vida que você quer ter.


Luciana Deretti

relacionamentos amorosos e da entrada na vida profissional, aprimoramos e fortalecemos nossas habilidades socioemocionais. Aliás, em um mundo em que o trabalho é dominado pela tecnologia, onde máquinas passam a realizar boa parte das tarefas que antes eram executadas por humanos, tais competências são cada vez mais valorizadas. Isso porque, embora a automação e a inteligência artificial possam substituir muitas funções técnicas e repetitivas, elas não conseguem replicar a empatia, a criatividade, a comunicação eficaz, a capacidade de construir e manter vínculos, de formar e inspirar equipes. Além disso, em um mercado cada vez mais globalizado e competitivo, a capacidade de entender e se conectar com pessoas de diferentes gerações, culturas e origens se torna um diferencial importante. Profissionais que se dispuserem a desenvolver essas habilidades estarão em vantagem.

Certamente há quem viva bem e satisfeito tendo poucos amigos, assim como existe quem acumule milhares de seguidores nas redes sociais e esteja sempre cercado de gente nos meios que frequenta, mas se sinta sozinho ao chegar em casa no fim do dia. Não é a quantidade de pessoas que temos ao redor que importa. O que torna um relacionamento saudável e significativo é a força do vínculo construído, saber que temos alguém por perto com quem podemos nos abrir sobre nossos sentimentos e vulnerabilidades e que nos apoia nos momentos difíceis. Em um mundo imediatista e individualista, não é fácil nutrir relacionamentos profundos. Escutar o outro é uma oportunidade de aprender sobre nós mesmos, ajudando a colocar as coisas em perspectiva e encontrar soluções para os problemas.

Como muitos estudos já comprovaram, relacionamentos verdadeiros são protetores da saúde física e emocional. Um estudo da Universidade Harvard, nos Estados Unidos, provavelmente o mais abrangente sobre o impacto dos relacionamentos na felicidade e na longevidade, demonstrou que um aspecto em comum de pessoas que vivem muito tempo é cultivar relações significativas durante a vida. Ao longo de 75 anos, os pesquisadores do Study of Adult Development (Estudo sobre Desenvolvimento de Adultos) monitoraram mais de setecentos homens desde sua juventude, entrevistando-os periodicamente de forma presencial e remota e acompanhando questões ligadas a trabalho, família e hábitos de saúde. Quando o trabalho foi divulgado, em 2015, menos de sessenta participantes do grupo original estavam vivos, todos com mais de 90 anos. Analisando as conclusões a que os cientistas chegaram, chama a atenção o fato de que quanto mais conectadas as pessoas se sentem com familiares, amigos e comunidade, mais felizes e por mais tempo vivem, com bom humor e boas condições de saúde.

A solidão é tratada atualmente como uma questão de saúde pública pela Organização Mundial da Saúde (OMS). Embora não seja uma doença, já é considerada fator de risco para várias delas. Há evidências de que pessoas que vivem solitárias têm risco maior de desenvolver doenças cardiovasculares e demências, transtornos de ansiedade, depressão, comportamentos compulsivos, distúrbios do sono e dor crônica.

Os índices de suicídio também são mais altos nesse grupo. Uma explicação seria que pessoas que vivem isoladas têm menos motivação para adotar rotinas saudáveis e se cuidar, assim como recebem menos feedback sobre hábitos e comportamentos prejudiciais que têm no dia a dia. Por tudo isso, e por mais trabalhoso que seja, manter relacionamentos sólidos é um esforço que vale a pena.

Relacionar-se não é algo simples. Os desafios dos relacionamentos, sejam de qualquer natureza, são um tema frequente em muitos tratamentos. Tive uma paciente chamada Ana, uma mulher culta, inteligente e bem-sucedida na profissão, com uma família completa – filhos, marido, irmãos e sobrinhos. Em casa, tudo parecia perfeito: cuidava da família, da rotina, do corpo, da saúde e da alimentação de todos. Ela era exímia em fazer com que tudo acontecesse da forma como acreditava que deveria ser. Tinha uma habilidade notável para controlar tudo ao redor, de modo que qualquer coisa que escapasse do seu raio de ação ou saísse diferente do planejado gerava grande sofrimento – foi essa, inclusive, a razão para que buscasse o tratamento.

Ana tinha insônia e um distúrbio alimentar. Ela não conseguia expressar em palavras o sentimento de vazio, apenas sabia que muitas vezes tinha vontade de se isolar, de se afastar de tudo e de todos, mesmo quando tudo estava "sob controle" em casa e no trabalho. Era nessas ocasiões que comia além do necessário. Tentando controlar o mundo, tentava dar conta do vazio que carregava dentro dela. Uma de suas características era o choro fácil quando se irritava com alguma pessoa.

Uma situação social com outras mulheres, uma viagem com um grupo de casais, uma programação que o filho organizou sem sua participação, um atraso em algum compromisso, uma falha em um projeto profissional, um erro do marido – tudo a aterrorizava. Até que um dia, após muita provocação e reflexão durante nossas sessões, conseguiu entender os motivos inconscientes que faziam com que ela projetasse essa perfeição sobre o outro e sobre si mesma. A partir disso, um fato inédito, que para muitos pode parecer simples, mas para ela não: Ana conseguiu participar de um jantar com outras mulheres, das quais não era íntima. Foi uma grande conquista para ela. Aos poucos, começou a entender que viver e estar com outras pessoas não significava ter controle sobre tudo e todos, e que não estaria em posição inferior se alguém discordasse dela. Experimentar o novo, o desconhecido e o inesperado faz parte de qualquer relação. Ana descobriu que isso, além de diferente, poderia ser interessante e enriquecedor.

O que você sente é responsabilidade sua somente. Não coloque no outro a responsabilidade pelo que você nutre dentro de si. Interagir e se relacionar exige aceitar que não podemos controlar o outro, mas essa incerteza pode tornar a vida e os momentos compartilhados ainda mais incríveis.[14] Quando deixamos de exigir certezas, abraçamos a novidade, e é aí que reside um dos grandes encantos dos relacionamentos e da vida. Sempre apreciei viver novos encontros e amizades, talvez porque a vida tenha me ensinado a valorizar as pessoas ao meu redor, apesar de qualquer contratempo ou desencontro que os vínculos possam trazer. A compreensão de que o inesperado faz parte da vida e de qualquer relação me impulsionou a assumir, desde cedo, o mais sério dos relacionamentos.

## O ENCONTRO COM O AMOR

No penúltimo ano da faculdade, iniciei meu estágio curricular em um hospital, mais precisamente no Instituto de Cardiologia de Porto Alegre. Foi uma forma de unir o meu desejo de seguir o caminho da psicologia ao de satisfazer a expectativa da minha família para que eu me tornasse médica. A ideia era que eu viesse a atuar como psicóloga hospitalar. O fato de que meu irmão se tornaria o primeiro médico da família colocava sobre mim uma projeção enorme. Talvez se eu não tivesse passado por tudo que vivi, teria escolhido estudar medicina, como meu irmão, mas minha realidade acabou fazendo com que eu me encantasse por este outro universo.

Éramos uma turma de quatro estudantes estagiárias de Psicologia e cerca de vinte residentes em cardiologia, vários deles bonitos e inteligentes. O estágio no hospital funcionava assim: o médico cardiologista atendia o paciente de sua área e o encaminhava para o Serviço de Psicologia, onde ele recebia acompanhamento emocional. Um dia, logo no primeiro mês de estágio, eu estava caminhando pelo corredor

---

14. PUGET, J., BERENSTEIN, I. *Psicanálise do casal*. Porto Alegre: Artes Médicas, 1994.

do hospital quando vi um homem alto, de cabelos escuros, pele clara, sério e muito bonito, que conversava com uma enfermeira. Ele vestia jaleco de residente. Na hora eu pensei: "Nossa, com esse eu certamente casaria". Fiquei sabendo que ele estava em um relacionamento, então continuei na minha, à espera de alguém que me encantasse e não fosse comprometido. Os meses foram passando e, por alguma razão – ou pelo meu esforço para estar sempre à disposição para ajudar –, aquele passou a ser o médico com quem eu mais estabelecia discussões de caso.

Em uma sexta-feira de bastante calor, estávamos trabalhando em uma salinha de prescrição do hospital, somente nós dois. Depois de toda exposição que vivi na minha vida desde que tudo aconteceu, somada aos preconceitos com relação ao exercício da psicologia por aquela universidade, e mesmo aquela avaliação tendo caído em desuso, seguia muito reservada sobre minha história de vida.

Mas, naquele dia, foi diferente. Enquanto falávamos sobre os pacientes, de repente, ele começou a perguntar sobre mim. Reconhecendo que meu sotaque não era da capital, ele quis saber de onde eu vinha. Contei que era do interior, e ele perguntou como me sentia morando sozinha na capital e se minha família vinha me visitar com frequência.

Quando falei que minha mãe vinha de vez em quando, ele quis saber mais. "Sua família são só vocês duas? Você não tem irmãos?" Por alguma razão, naquele momento eu pensei: para ele não vou mentir. E contei que tinha, mas que ele e meu pai haviam falecido. Ele ficou desolado e curioso. "Como assim, morreram de quê?", afinal, era médico e queria entender se tinha a ver com alguma questão de saúde. Contei que tinham sido assassinados sete anos antes, na frente da nossa casa e diante de mim. O olhar dele se fixou no meu e senti que estávamos muito próximos, não só fisicamente. Era como se respirássemos o mesmo ar. "E como você consegue ser assim, tão feliz e sorridente?", perguntou ele no mesmo instante.

Naquela época, pouco se falava na importância da espiritualidade para o bem-estar das pessoas, a psicologia era cética e considerava esse tipo de crença uma forma de negação da realidade. Por isso, eu não comentava com ninguém que era espírita. Naquele momento, porém, eu não tive dúvida. Contei que frequentava um centro espírita toda semana e que isso me fazia muito bem. Ele sorriu e disse que sempre quisera conhecer uma casa espírita. Foi a deixa para convidá-lo a ir comigo na semana seguinte.

Esse foi nosso primeiro encontro, em um centro espírita, ainda que como amigos, porque ele era comprometido. Daquele dia em diante fomos nos aproximando e não nos separamos mais. Logo fiquei sabendo que o relacionamento dele estava em crise, em fase de término, o que se efetivou. Nos apaixonamos e começamos a construir a nossa história juntos, que dura até hoje.

Eu tinha recém-completado 20 anos quando nos conhecemos. Ficamos noivos em uma viagem maravilhosa a Buenos Aires, e em cerca de um ano e meio estávamos casados. Comparada a realidade da nossa gereção, parecia precipitado conhecer alguém e casar tão rápido – era o que diziam as amigas, que não pensavam em se comprometer tão cedo –, mas nenhum de nós dois tinha dúvida de que queria levar aquele relacionamento a sério. Ele dizia que queria garantir que ficaríamos juntos a vida inteira. E assim seguimos até hoje, há anos construindo uma história de companheirismo, paciência, empatia e dedicação diária como parceiros de vida.

Quando me dizem que nasci para ser terapeuta de famílias, sei que minha história alimenta um enorme carinho e respeito por essa instituição, e isso explica minha grande realização e, também acredito, sucesso profissional. Sou muito grata por poder cuidar de cada família que vem até mim, fazendo dos desafios neste núcleo um incrível recurso de evolução.

Eu, no dia da minha formatura, realizando um grande sonho. A primeira conquista de muitas por vir.

James e eu, jovens, no dia do nosso casamento, alguns meses depois da minha formatura.

Como casamos cedo para a época, momentos junto aos amigos sempre foram e seguem sendo não só cultivados, mas cultuados. Como terapeuta de casais, esta é uma orientação: mesmo com filhos e tantas desculpas que podem encontrar, nunca deixe de privilegiar estes momentos. Eles são terapêuticos.

A vida é feita de fases, e é natural que em cada uma delas se esteja mais próximo de certos amigos, o que não significa que os demais deixem de ser importantes. Ao longo da minha jornada, sempre cultivei todos os vínculos que tiveram significado e relevância.

Meus amigos da infância e adolescência sempre foram como uma "grande família" que construímos juntos. Apesar de estarmos agora espalhados por diferentes estados, mantemos a mesma conexão de afeto. As amizades da faculdade, da psicanálise, das cidades por onde passei e das minhas bases no litoral (amo praia!) são todas preciosas. Em cada lugar, e em cada papel que assumi, Deus me deu a oportunidade de cruzar o caminho de pessoas incríveis. Ou talvez tenha sido eu que soube enxergar o que há de bom nelas? Também pode ser. Independentemente disso, o que permanece é a certeza de um saldo positivo: a constatação de que os relacionamentos têm um valor imenso na vida de cada ser humano.

Quanto mais vivo, trabalho e me relaciono com pessoas diferentes, mais me convenço de que nada é tão valioso quanto ter com quem compartilhar a vida. Vivemos um tempo em que as pessoas estão cada vez mais distantes, apesar de conectadas virtualmente, e nem todo mundo pode contar com amigos verdadeiros. Eu, por sorte e escolha, tenho muitos e cuido bem deles. Faço questão de expressar minhas emoções para quem é importante para mim, pois sei como é triste sentir saudade e não poder falar.

Ninguém é perfeito, e é claro que todos temos defeitos e dificuldades. No entanto, podemos viver momentos de aprendizado ao refletirmos sobre nossas percepções e experiências. Já pensou como é interessante sair de um evento social e ponderar sobre o que você replicaria do jeito de ser das pessoas que estavam ali? Atenção, pois não é falar mal, mas refletir sobre aquilo com que você se identifica e aquilo que abomina. Por exemplo, o que evitaria repetir em termos de comportamento ou forma de pensar? Assim, quando alguém o desapontar, antes de se irritar, brigar ou discutir, reserve alguns minutos para refletir.

Adoro conviver com pessoas, e talvez essa seja uma das coisas que mais me inspira nesse esforço. Sim, "esforço", porque, às vezes, sou convidada para algum evento e estou cansada, com preguiça ou preferiria descansar, fazer outra

"

Um dos maiores tesouros que existe são os vínculos que cultivamos ao longo da vida. Demanda investimento de tempo e afeto, paciência, empatia, mas com retorno que dinheiro nenhum pode comprar.

Luciana Deretti

coisa mais "importante", mas costumo sempre tentar dar uma chance e ir. E posso afirmar: nunca me arrependi de ter aceitado um convite. Esta, aliás, é uma máxima em nossa casa: nunca recusamos um convite. Sempre que saímos de um almoço, jantar, festa ou qualquer outro evento, voltamos com uma reflexão, um aprendizado, uma experiência. Relacionar-se nos tira da zona de conforto, o contato social que se tem no dia a dia provoca um exercício para o nosso cérebro, estar com outras pessoas é um hábito protetor da saúde mental.[15]

Talvez não seja à toa que o destino tenha permitido que meu marido e eu nos encontrássemos. Tenho certeza de que transformamos nossa vida em uma incrível oportunidade de evolução. Ele não é perfeito, assim como eu não sou, e nenhum de nós tem a pretensão de ser. O que buscamos incansavelmente é evoluir, aprender e sair da nossa zona de conforto, evitando o comodismo de achar que já sabemos tudo.

Quando penso em propósito de vida, reflito sobre o legado, sobre a marca que deixarei principalmente no coração das pessoas. Da mesma forma que existo quando estou com alguém, minha presença também valida a existência do outro. Por isso relacionar-se é algo tão complexo; isso é incrível, pois nos faz assumir a responsabilidade pelo que dizemos e fazemos. Nossas palavras têm poder. Já parou para pensar nisso? O que você diz, seja um elogio ou uma crítica, pode transformar o dia de uma pessoa. E, no caso daqueles que dependem de você ou são mais próximos, o impacto é ainda maior. O que um pai ou uma mãe expressa sobre a capacidade de seu filho é determinante para sua jornada. Por exemplo, quando você diz que ele consegue, ele certamente tentará com mais

---

15. HIRABAYASHI, N. et al. Association between frequency of social contact and brain atrophy in community-dwelling older people without dementia: The JPSC – AD Study. *Neurology Journals*. Set 2023, 1108-1117.

força superar um desafio. Por outro lado, se fala que ele não sabe, que é preguiçoso, burro ou incapaz, estará minando sua autoconfiança e a vontade de se dedicar e conseguir. Isso vale também para um amigo, um funcionário ou um familiar querido. Vale para situações em que você está com a pessoa que ama, mas diz a ela que jamais irá perdoá-la pelo que fez ou simplesmente a detesta pelo seu jeito de ser.

Se você tiver consciência de que tudo que faz e diz terá um impacto, isso pode transformar a maneira como se relaciona. Se internalizar a compreensão de que ninguém é melhor do que ninguém e de que somos todos seres em constante evolução e aprendizado, essa percepção pode guiar suas ações. Essa consciência levará a buscar não magoar, ferir ou constranger ninguém. Pelo contrário, tente ser amável com as pessoas que cruzam seu caminho e, se possível, contagiá-las com sua sensibilidade e alegria, exercitando a gratidão por ter com quem compartilhar a vida. Isso não significa que não possa ter dias ruins como todo mundo, mas jamais deixe que os outros paguem por isso.

No que diz respeito às mulheres, em especial, um dos grandes desafios enfrentados hoje é a pressão pela independência e a busca por um ideal de perfeição inatingível, promovido por um feminismo que pode ser prejudicial para aquelas que desejam viver plenamente todos os seus papéis. É impossível ser a melhor profissional, mãe, esposa e amiga ao mesmo tempo, e essa corrida em busca de perfeição representa um risco para a saúde mental das mulheres e para seus relacionamentos.

Aceitar a fragilidade pode ser uma maneira de dar sentido às relações – afinal, se não precisarmos de ninguém, qual seria a razão para nos relacionarmos? Esse dilema, que muitas mulheres enfrentam, tem sido uma das causas de crises familiares. Isso vale também para os homens. Hoje, mais conscientes da importância da figura paterna na vida dos filhos, muitos tentam, por culpa, minimizar o impacto da sua ausência física.

"

Na vida nada é por acaso; aos olhos de Deus, tudo tem um sentido. Assim como na vida, nos momentos difíceis de uma relação, sempre haverá ensinamentos. Ter com quem compartilhar as alegrias e tristezas traz um sentido mais especial a toda existência.

Luciana Deretti

Como resultado, acabam deixando de exercer a autoridade paterna na dinâmica familiar, temendo não serem aceitos e amados pelos filhos. Entre os filhos e a esposa, acabam muitas vezes se ausentando da relação amorosa. Encontrar o equilíbrio entre o amor e a autoridade, e entender que a verdadeira conexão se fortalece quando somos autênticos e verdadeiramente presentes, é um dos maiores desafios dos tempos atuais.

## CONSTRUINDO OS PILARES DE UM RELACIONAMENTO SÓLIDO

Quando se pensa em qual seria o segredo de relacionamentos duradouros, sejam amorosos ou de amizade, percebo em muitos pacientes que chegam no consultório o ideal de uma relação sem conflitos, sofrimento ou dor, como se o amor e a vontade de ficar juntos fossem garantias de uma parceria harmoniosa o tempo inteiro. No entanto, a única certeza que se pode ter é de que todos somos diferentes, e o sucesso de qualquer relação dependerá sempre de um incansável trabalho psíquico, mas imensamente gratificante.[16]

Relacionar-se é reconhecer a transitoriedade dos afetos, mais especificamente sua temporalidade (todos têm um tempo próprio para sentir), acidentalidade (acontecem ao acaso, ninguém escolhe ficar triste ou chateado diante de uma situação) e contingência (são incertos). Fazer com que um relacionamento dê certo requer investimento e comprometimento constante das duas partes para resolver dificuldades e discordâncias, ainda mais com o passar do tempo, que tende a fazer crescer as diferenças entre as pessoas ou, no mínimo, estas se tornam mais perceptíveis.

Viver, por si só, já demanda um trabalho psíquico. Lidar com as nossas próprias questões emocionais, traumas e

---

16. PIVA, A. *Vincularidade*: teoria e clínica. São Paulo: Zagodoni, 2020.

"

Na vida, ter coragem não significa não sentir medo, mas conseguir agir apesar dele. Assim também uma relação estável e feliz não depende da ausência de diferenças ou conflitos, mas da capacidade de superá-los através do diálogo e da empatia.

Luciana Deretti

inseguranças gera muitas vezes um desgaste emocional. Isso envolve autoconhecimento, autorresponsabilidade e autocuidado. Cada um deve estar disposto a olhar para dentro de si mesmo e reconhecer as próprias falhas e limitações. Esse processo é fundamental para evitar a projeção de problemas pessoais no outro, o que pode gerar conflitos desnecessários e desgastar a relação.[17]

O acompanhamento terapêutico pode ser de grande ajuda nessa jornada. Além disso, é essencial que ambos estejam dispostos a se comunicar de forma aberta e honesta, o que é crucial para resolver mal-entendidos e evitar ressentimentos. Isso implica não apenas falar, mas também ouvir ativamente, demonstrando empatia e compreensão. É por meio dessa troca contínua que alinhamos expectativas, desejos e necessidades, ajustando-se mutuamente para encontrar um equilíbrio que funcione para todos.

Como considero o ato de se relacionar um dos mais gratificantes desafios da vida, compartilho aqui algumas recomendações, com carinho, para inspirar uma reflexão sobre o desafiador e gratificante processo de construir relacionamentos sólidos e saudáveis, de qualquer natureza.

**ALIMENTE O AMOR-PRÓPRIO.** Aprender a aceitar os erros que todos nós cometemos, assim como as necessidades e limitações que temos, gera uma leveza interna capaz de tornar qualquer pessoa mais agradável ao convívio. Isso não tem a ver com conformismo ou falta de ambição. A autoaceitação diminui a necessidade de comparação com os outros, o que é fundamental para evitar que os momentos de desmotivação se instaurem, tirando de você a energia psíquica necessária para

---

17. KAËS, R. Pulsión e intersubjetividad. Psicoanálisis de las configuraciones vinculares. *Revista de la Asociación Argentina de Psicología y Psicoterapia de Grupo*. Buenos Aires, tomo XXIII, n.1, 2000.

a realização de projetos. Além disso, quando alguém ama a si mesmo e acredita no próprio potencial, não se sente inseguro ou ameaçado pela felicidade de outras pessoas, e isso afeta os relacionamentos de modo positivo, aumentando a confiança entre os envolvidos. Pare para refletir: de que você realmente precisa para ser feliz? O que você tem não é suficiente? O que falta para chegar aonde quer e o que pode fazer para conseguir?

**NINGUÉM É PERFEITO.** É comum encontrar quem considere o perfeccionismo uma virtude, mas não é bem assim. Esse traço de personalidade gera no indivíduo um círculo vicioso de exigência e cobrança que confunde a capacidade crítica acerca de si mesmo e do outro, pois leva a crer que nunca se é bom o bastante. Todos nós temos vulnerabilidades e "defeitos". Quando os reconhecemos e aceitamos, ganhamos consciência de que todos os seres humanos são imperfeitos, nos capacitamos para lidar melhor com as diferenças entre as pessoas e viver relacionamentos mais verdadeiros. No meu caso, inclusive, acolher a vida imperfeita que se impôs para mim ensinou-me a viver com leveza e tolerância.

No consultório, gosto de lançar a seguinte provocação ao atender casais em terapia: que tal ampliar o olhar para as qualidades e encantos no jeito do outro, em vez de somente apontar para o que desagrada? Isso é frequentemente banalizado nos relacionamentos, até que se chega a um ponto em que não se consegue ver no outro nada de bom, e o vínculo se torna frágil. Você tem o hábito de elogiar as pessoas com quem convive? Tendemos a ser simpáticos e nos esforçar para agradar pessoas que mal conhecemos, na intenção de estabelecer algum tipo de laço ou aproximação e nos mostrar amáveis, enquanto aplicamos críticas severas e exigimos padrões inatingíveis de perfeição daqueles que são realmente importantes em nossa vida. Nunca deixe de elogiar com sinceridade, sejam amigos, colegas de trabalho,

"

Como psicanalista, nunca conheci alguém que fosse mais feliz por se achar perfeito. Pelo contrário, a busca pela perfeição pode gerar angústia, pois impede o reconhecimento das reais qualidades, fazendo com que as dificuldades e necessidades sejam vividas como decretos de fracasso.

Luciana Deretti

filhos, pais, irmãos e qualquer pessoa que merecer essa demonstração de afeto.

**CONTE COM O OUTRO E SEJA ALGUÉM COM QUEM SE POSSA CONTAR.** Ninguém deve depender de outra pessoa para se sentir feliz e realizado, mas poder contar com companhia para atravessar a jornada da vida nos torna pessoas melhores, pois aumenta nossa autoconfiança e se torna um exercício para a capacidade de exercer a empatia. Os defeitos ou incompletudes que insistimos em enxergar em nós mesmos podem ganhar outra dimensão quando temos apoio e um olhar externo sobre quem somos. Nossa segurança interna nos fortalece para correr atrás dos sonhos e ideais. No entanto, ninguém precisa ser autossuficiente, e ter com quem contar pode ser algo valioso. No meu caso, mesmo sem minha família completa, o sentimento de amor e pertencimento que experimentei ao lado de amigos, e hoje numa magnitude ainda maior com meu marido e meus dois amados filhos, é motivo de gratidão eterna. Relacionar-se dá trabalho, e muito. Mas, afinal, o que de bom na vida vem fácil e sem esforço? Este é um trabalho que não pode ser terceirizado, ainda. A habilidade de se relacionar é o que existe de mais nobre, principalmente com aqueles que chamamos de família.

Vivemos em uma era marcada por uma epidemia de narcisismo. É como se todos precisassem ser extraordinários, realizar feitos invejáveis e estar constantemente em evidência. A percepção de ter valor se confunde com a ideia de ser perfeito, estar em destaque ou de quase ser uma celebridade. Em uma vida cada vez mais digital, esse "culto ao estrelato" se torna banal e vazio. Embora muitos não sejam narcisistas no sentido patológico, acabam adotando comportamentos típicos dessa condição, movidos por uma sociedade adoecida, em que a alienação, a competição e o isolamento são alimentados pelo mau uso das redes sociais.

Essa busca incessante por aprovação externa reflete uma falta de humildade e uma ilusão de autossuficiência que nos desconecta de nossa humanidade e fragiliza nossos laços mais profundos. Abdica das nossas necessidade para atender o outro, flexibilizar, entender que todos têm seu tempo, e por mais que queiram ou tentem, há coisas que não conseguiremos. Hoje é o outro, amanhã pode ser você que estará precisando de ajuda.

**EXERCITE A EMPATIA, A COMPAIXÃO E A GENTILEZA.** Sempre digo que a empatia é uma arte. Ser capaz de se colocar no lugar do outro não significa viver a vida como ele acredita, tomar a verdade dele como sua ou deixar de ser quem você é para agradá-lo. Um relacionamento saudável e empático permite que as diferenças circulem de forma fluida, sem gerar fantasia de contestação ou exclusão e, ainda assim, com liberdade para falar o que se pensa. Fazer isso sem ferir o outro é certamente uma habilidade ímpar. Para chegar a esse estágio de maturidade e verdade em um relacionamento, uma característica individual é essencial: honestidade. Vivendo em sociedade, todas as pessoas desejam se sentir aprovadas e amadas; isso, de certa forma, banaliza para muitos a mentira social e alimenta a falta de confiança entre os grupos. É comum pacientes se referirem com desânimo ou até desesperança aos incessantes desafios da vida a dois. Porém, sempre apresento a possibilidade de vivermos de forma transparente e verdadeira sem precisar viver isolado. É preciso entender que, com amorosidade, intenção positiva e compromisso com o desenvolvimento do outro, qualquer verdade pode ser dita. Quando alguém age com essa mentalidade, tende a atrair para perto de si pessoas também honestas e verdadeiras, com um objetivo em comum: a busca contínua de evolução em harmonia com o cultivo das relações.

Você já parou para pensar que a forma como se dirige a uma pessoa, com o arranjo de palavras que usa, tem consequências naquilo que diz? Ao falar a verdade, estamos também entrando em contato com a nossa essência, sendo generosos não só com o outro, mas com nós mesmos. A verdade precisa valer para os dois lados. Quando a verdade ocupa um espaço de respeito e consideração em um relacionamento, ele se eleva a um patamar de evolução e felicidade genuína. Aceitar que a sua verdade pode não ser a mesma verdade da pessoa que você ama, mas que isso não significa um desencontro inconciliável de princípios e valores, é fundamental.

Algo que trabalho muito com meus pacientes é a capacidade de reconhecer o que cada pessoa tem ou faz de bom, jamais deixando de expressar esse reconhecimento. Pessoalmente, faço questão de ser aquela que elogia, que torce, vibra junto e aplaude de pé as conquistas. A amiga que que manda mensagem de madrugada para dizer que lembrou ou está com saudade, que faz o possível e o impossível para se fazer presente mesmo estando distante fisicamente. Na versão esposa, não economizo no "eu te amo". Brinco com meu marido que quase pareço chata por querer celebrar cada momento ou conquista, por menor que seja, por manifestar gratidão nas situações mais simples e cotidianas, por enaltecer cada oportunidade de estar junto. Sabendo que a vida é única e acontece agora, escolho acordar cedo e sorrir para as pessoas que encontrar, seja na academia ou minha família, ao despertá-los para o dia que se inicia, e vou dormir dizendo a eles o quanto adorei o nosso dia e aprendizados juntos (sim, porque estamos sempre em constante evolução). Estar vivo é incrível. Com essa consciência, tornar cada momento especial é muito mais simples do que se pode imaginar.

**NÃO SE COMPARE; NENHUMA PESSOA É IGUAL À OUTRA.** Quantas vezes você faz da vida do outro

"

Quando, em uma relação, as diferenças circulam de forma leve, sem conflitos, e o casal busca construir novas verdades, surge o amor verdadeiro. Além de se colocar no lugar do outro, você consegue agir em prol dele, sendo capaz de cuidar e ajudar.

Luciana Deretti

a régua para a sua, ao tomar como base o carro que fulano ou fulana tem, a roupa que veste, a casa onde mora e a parceira ou o parceiro que tem ao lado, para definir para si mesmo essa realidade como métrica da sua felicidade? Cada indivíduo é único, assim como cada relacionamento também é. Por mais que duas pessoas pareçam formar um casal perfeito, pelas fotos que postam nas redes sociais ou pela harmonia que aparentam quando aparecem em público, ninguém sabe o que se passa de verdade dentro daquela relação a não ser elas mesmas.

No consultório, algumas vezes escuto comentários sobre casais ou pessoas que, de alguma forma, também conheço, inclusive na condição de pacientes. Falas que são no sentido de comparação e idealização, em prol de uma realidade que parece perfeita. O que eles não sabem é que, na intimidade, muitas dessas duplas se sentem infelizes, distantes um do outro, e até trocariam uma vida materialmente privilegiada por outra mais simples, porém abundante em afeto e momentos de fato felizes.

Por muito tempo, observar a vida das pessoas ao meu redor e perceber a ausência daquelas que poderia ter comigo, mas tão cedo me foram tiradas, gerava muita dor. A partir do momento em que transformei o modo de entender minha história, colocando-me como protagonista em vez de vítima, o foco passou a ser o universo de possibilidades que eu tinha para construir uma existência feliz, e não mais aquilo que faltava (apesar da saudade eterna). Esse olhar foi um divisor de águas. E também pode ser para você, independentemente da dificuldade que houver, se assim escolher.

Todos nós temos o poder de transformar a forma como vemos e compreendemos a vida. Isso é válido tanto para alguém com uma vida satisfatória quanto para quem enfrenta uma realidade que ninguém desejaria ter. Sobre isso, preciso compartilhar um ensinamento dos meus anos de consultório.

Uma das maiores causas de discussão entre os casais e, mais do que isso, um dos maiores obstáculos para a felicidade,

"

O individualismo, marca registrada da vida contemporânea, faz com que muitos valores pareçam ter saído de moda, como a gentileza, a amizade e o cuidado com aqueles com quem nos relacionamos. Ninguém vive sozinho. Uma pessoa pode ter tudo e, ao mesmo tempo, nada, se não tiver com quem compartilhar os sentimentos e as experiências da vida.

Luciana Deretti

de modo geral, é a comparação com os outros. Comentários como "veja como o João trata a Maria", "a Fernanda faz tudo para o Paulo" ou "olha como a Claudia dá conta das crianças sozinha enquanto o marido cuida do resto" são comuns. Se eu fosse contar quantas vezes já perguntei se algum daqueles relatos servia como garantia de uma relação feliz, perderia a conta. Isso porque, como já disse, o que enxergamos nem sempre corresponde à realidade. Além disso, ao focar no externo, idealizamos o que vemos do lado de fora e deixamos de reconhecer e, logo, valorizar o que temos na nossa própria vida.

Não esqueça, todos nós temos o poder de transformar nossa visão da vida, especialmente em termos de relacionamento e, por isso, trago duas verdades fundamentais. Primeira: nem tudo é o que parece. Segunda: se uma relação está ruim, não espere que o outro mude para que você comece a fazer o que está ao seu alcance no sentido de melhorar as coisas. Em qualquer esfera da vida, o caminho mais sensato para alcançar o que desejamos é focar na solução, e não no problema. Se o casamento ou o namoro é importante para você, comece fazendo a sua parte: abraçando, sendo gentil, dizendo "bom dia" e "eu te amo". Se seu filho é um adolescente mal-humorado, não se deixe contaminar. Em vez de sofrer e se irritar por causa dele, encontre formas de se aproximar, conversar e abraçá-lo. Ser pai ou mãe é uma aventura incrível, não permita que nada no mundo prive você de vivê-la. Sobre isso, falaremos logo mais.

**LIBERTE-SE DA VERGONHA.** Esse sentimento doloroso surge quando uma pessoa se sente inadequada, exposta ou inferior em relação aos outros, aprisionada, ao mesmo tempo, por uma visão de mundo centralizada em si mesma e pelo medo do julgamento alheio. A vergonha pode prejudicar, e muito, os relacionamentos, porque leva ao isolamento emocional, impede de exercitar a empatia e dificulta a comunicação. Além disso, pode gerar autocrítica excessiva e medo de rejeição, minando a autoestima e a confiança. A tendência de projetar sentimentos negativos nos outros pode criar conflitos e mal-entendidos, enquanto a dificuldade em pedir ajuda pode resultar no acúmulo de problemas emocionais.

O mundo tecnológico em que vivemos, onde passamos mais tempo diante de telas do que na presença de pessoas, tem prejudicado significativamente a nossa capacidade de comunicação. Isso cria falsas crenças sobre a inabilidade de se relacionar e torna os momentos de interação com pessoas reais extremamente angustiantes para muitos. Já recebi vários pacientes que acreditavam sofrer de fobia social ou síndrome do pânico. Ao avaliá-los, percebi que, na verdade, muitos deles viviam tão isolados e solitários que situações sociais se tornaram causadoras de ansiedade, devido à inabilidade para se relacionar que desenvolveram com o passar do tempo.

Não estou dizendo que isso ocorra em todos os casos ou que essas não sejam patologias psíquicas que demandam atenção. No entanto, muitas vezes a vergonha surge de crenças equivocadas sobre nós mesmos e sobre o outro, de autocrítica excessiva, medo de rejeição e outras questões. Já ouvi incontáveis vezes, de pacientes com perfis diversos, que deixaram de fazer coisas, ir a lugares e experimentar situações por receio do que os outros iriam pensar. A vergonha é, de alguma forma, um desperdício de vida, que não leva a lugar nenhum e nos deixa estagnados.

Se você se identifica com esse comportamento, tente o seguinte questionamento da próxima vez que pensar em deixar de fazer alguma coisa por vergonha: o que pode acontecer se não der certo ou alguém não gostar? Em uma conversa, se alguém não der bola ou discordar do que você disse, qual é o problema? Mude de assunto ou vá bater papo em outra roda! E em vez de focar no que pode dar errado, pense também na possibilidade de haver conexão e entrosamento, por que não? Se não tentar, não terá como descobrir. É impossível que tudo seja absolutamente ruim. Até mesmo o que deu errado tem valor, pois nos faz apreciar ainda mais o sentimento de quando as coisas dão certo.

Para toda tentativa existe uma chance de sucesso, enquanto o fracasso é uma certeza quando sequer tentamos. Gosto de pensar assim porque, de certa forma, resume a história da minha vida. Se eu não tivesse acreditado que viver valeria a pena, talvez eu não tivesse conseguido dar à minha mãe a força da qual ela precisava, não tivesse conseguido superar também a minha dor, talvez não estivesse aqui... Se eu não tivesse me esforçado para que o homem a quem eu tanto admirava me notasse, mesmo sem nenhuma garantia de que ele gostaria de mim também, não estaria vivendo a história de amor e companheirismo que meu marido e eu seguimos hoje escrevendo. Em tempo: nunca sabemos o que o amanhã nos reserva, se estaremos aqui ou não. O que posso dizer com certeza, enquanto escrevo estas palavras, é que todo esforço vale a pena.

Quando, por medo de falhar, você decide não tentar, está se privando de todas as possibilidades de aprendizado e sucesso. Toda tentativa traz consigo uma lição valiosa, ainda que resulte em erro. A verdadeira derrota não está no fracasso em si, mas na falta de coragem para se arriscar e tentar, porque, sem isso, nada será possível.

Luciana Deretti

**CAPÍTULO 5**

# UM MERGULHO NO INCONSCIENTE E O PODER TRANSFORMADOR DO TRATAMENTO PSÍQUICO

Ninguém morre enquanto vive dentro de nós. Talvez essa reflexão devesse aparecer como a conclusão deste capítulo, mas escolho começar com ela porque, de certa forma, é um grande ensinamento de tudo que vivi. Sem essa perspectiva, provavelmente eu não teria escolhido ser psicóloga.

Passar por um trauma não precisa determinar o destino de alguém, especialmente no sentido de representar uma condenação. Nenhum de nós, por mais difícil que tenha sido seu passado, é obrigado a levar esse peso consigo para sempre. Cresci com uma mãe que, mesmo na vida adulta, chorava a morte do próprio pai, que faleceu quando ela tinha 9 anos. No entanto, algo dentro de mim dizia que eu não precisava entender as perdas que vivi como o decreto de um destino triste para a família que eu também um dia formaria. Muitas vezes pensei que, se tivesse sucumbido à dor, ela talvez fosse ainda maior do que a da minha mãe, por carregar o peso da transgeracionalidade. Minha força e determinação, aliadas ao conhecimento da ciência psi, me ajudaram não só a superar o sofrimento e as adversidades, mas a crescer diante delas.

Durante meus anos como estudante, mesmo conhecendo outras linhas teóricas, fui sendo cativada pela psicanálise. A profundidade das reflexões propostas por ela correspondia à complexidade das questões que permeavam minha própria vida até aquele momento, me ajudando a lidar com as dificuldades em um nível mais abrangente do que somente olhando para acontecimentos momentâneos ou pontuais. Isso porque o foco da intervenção psicanalítica está na causa do sofrimento, e não somente nos sintomas que o paciente apresenta. Na busca das razões inconscientes que originam a angústia ou sintoma, é possível construir uma melhora duradoura. Foi assim que consegui desenvolver minha autonomia e escolher os caminhos da minha vida. Ao longo da minha trajetória, tive, até hoje, duas analistas incríveis, que foram também fundamentais na minha jornada de evolução. Inclusive, compreender que eu poderia oferecer o mesmo tipo de apoio às pessoas que me procuravam despertou em mim o desejo de me dedicar a uma formação de excelência.

Por que repetimos padrões de comportamento e caímos várias vezes em armadilhas emocionais já conhecidas? Por que falamos coisas e agimos de determinada maneira mesmo sofrendo com isso e querendo fazer diferente? Por que não conseguimos mudar coisas de que não gostamos em nós e insistimos em entrar em discussões fadadas ao fracasso ou ao conflito? Por que rechaçamos o modo como nossos pais nos criaram, mas fazemos tudo igual com nossos próprios filhos? Para a psicanálise, a resposta está no inconsciente: uma parte oculta, inatingível e desconhecida em nossa mente, mas que comanda nossas ações e define nossa existência. E, mesmo assim, sobre a qual não sabemos quase nada. Eis a dinâmica que justifica meu fascínio por essa linda área do conhecimento, pois é somente graças a ela que analista e paciente podem ter acesso a uma área inacessível: o inconsciente.

Ao iniciar um tratamento, gosto de explicar o conceito de inconsciente a partir da metáfora de um iceberg: a ponta visível acima da água representa a nossa mente consciente, ou seja, pensamentos e ações que percebemos conscientemente. Já a parte submersa do bloco de gelo, muito maior e invisível sob a superfície da água, corresponde ao inconsciente, que é constituído por conteúdos que não estão acessíveis diretamente. É onde se encontram desejos reprimidos, memórias esquecidas e conflitos internos que influenciam e muitas vezes direcionam nosso viver. Assim, a maior parte de nossas ações e pensamentos é determinada não pelo que sabemos e entendemos conscientemente, mas pelo vasto universo submerso em nosso inconsciente, que se estrutura desde o nascimento.

Algo que frequentemente acontece quando atendo um novo paciente é escutar discursos cheios de reclamações sobre o marido, os filhos, o chefe, o pai, a mãe... De fato, é mais fácil para o ser humano reconhecer no outro os problemas de sua vida, projetando neles as razões para insatisfação, tristeza, revolta e infelicidade. No entanto, infeliz ou felizmente, ninguém tem o poder de mudar as pessoas ao seu redor. Não somos capazes de fazer isso sequer com nossos filhos, que amamos, cuidamos e ensinamos desde o primeiro dia, que dirá com a pessoa com quem se casa ou trabalha!

Embora possa parecer cruel atribuir ao próprio indivíduo a responsabilidade por tudo o que faz, sente e pensa, esse é um aspecto libertador do processo psicanalítico. Afinal, trata-se de se apropriar de suas emoções, experiências, e de como elas afetam a vida. É não se deixar abalar pelo que os outros fazem ou dizem e ter domínio sobre o peso do mundo em relação ao seu Eu.

Tudo o que nos perturba, causa problemas e traz sofrimento nasce em nós mesmos. O inconsciente é o principal responsável por tudo que nos acontece. Não é uma verdade fácil de aceitar, mas é essencial para começarmos a assumir a responsabilidade sobre nossas ações e escolhas, em vez de terceirizá-las a quem ou ao que quer que seja.

Nesse sentido, escolher a psicanálise como tratamento não é o caminho mais fácil, mas certamente é o mais efetivo para uma melhora consistente. Direcionar nossa expectativa de felicidade para nossas próprias ações, sem projetar no outro o controle sobre nossa vida, é uma jornada árdua, mas recompensadora.

## DA PSICOLOGIA À PSICANÁLISE

A formação psicanalítica é extensa e exige do profissional um longo e profundo processo de preparação, seminários, estudos, supervisão, análise pessoal. Para se tornar capaz de ajudar alguém a lidar com seus fantasmas internos e conflitos inconscientes é preciso que o profissional tenha elaborado dentro de si os próprios conflitos e fantasmas. Devido à minha história de vida e à demanda verdadeira de tratamento que ela me impôs, tive a oportunidade de experimentar uma variedade de

"

Tudo que eu sinto de verdade eu entendo. Assim, ao elaborar uma dor, vivemos uma tomada de consciência que nos possibilita dar um novo sentido aos nossos sentimentos, construindo assim os recursos psíquicos necessários para viver a vida plenamente.

Luciana Deretti

abordagens terapêuticas, mas foi em um tratamento psicanalítico que vivenciei a evolução mais consistente e significativa. Isso permitiu não apenas evoluir e refinar minha visão sobre a vida, mas também foi decisivo para fazer da psicanálise a ciência que escolhi para poder ajudar as pessoas a encontrar sua essência e o caminho para sua felicidade.

Além da análise pessoal, a formação em psicanálise exige amor pela leitura e prática contínua. Apesar de já terem se passado anos desde a minha graduação e de possuir três formações em psicanálise, sigo me atualizando constantemente. A sociedade tem passado por profundas transformações na maneira como as pessoas vivem, se relacionam e enfrentam a realidade, o que influencia diretamente a estruturação do psiquismo humano, a organização das famílias, gerando novas condições de sofrimento e patologias.

Quando me perguntam como é passar o dia ouvindo problemas dos outros no consultório, a primeira resposta que vem é sempre esta: não passo o dia ouvindo problemas dos outros, mas ao acompanhá-los nesta nobre jornada da vida sou grata por ter a chance de, inclusive, aprender também com eles sobre a vida. Me motiva imensamente a confiança que depositam em mim ao compartilharem coisas tão íntimas e difíceis, e poder ajudar exercendo a profissão que escolhi me emociona. Nada é mais precioso do que nosso sentir e pensar, habilidades que guiam nossas vidas e relações. Sem isso, nada é possível.

Cada paciente que vem até mim, confiando sua "central de comando", é especial, uma responsabilidade que alimenta meu desejo de seguir estudando, em busca pela contínua evolução. Todos que estiveram comigo ao longo desses anos tiveram a vida transformada, mas também deixaram comigo ensinamentos valiosos. O que me faz trabalhar todos os dias com motivação e brilho nos olhos é a possibilidade de cuidar das pessoas oferecendo a esperança de que sentir-se bem, viver momentos de felicidade e plenitude, apesar das dores e desafios, é sempre possível. Sempre trabalhei muito, costumo dizer que meu consultório é um dos meus lugares preferidos no mundo; certamente esse somatório é o que definiu uma trajetória profissional de imensa realização. Lembre-se sempre: nunca deixe de correr atrás dos próprios sonhos e viver uma vida com propósito; em algum momento, tudo fará sentido.

Na época da minha escolha por fazer Psicologia, existia muito preconceito com a profissão – até hoje é assim, embora menos –, muitos diziam, inclusive, ser pouco rentável. Quando olho para trás tenho a certeza de que nada adianta ter um trabalho que proporcione apenas dinheiro ou prestígio. O verdadeiro sucesso está em conseguir servir ao mundo exercendo aquilo que faz sentido e vai ao encontro do nosso propósito. A partir daí, o retorno financeiro será uma consequência.

Ter enfrentado tantas dores e desamparos em minha vida e conseguir dar um sentido a tudo isso, transformou minha capacidade de ajudar o paciente a metabolizar seu sofrimento em uma fonte de leveza em minha rotina. Acredito que a experiência de tratamento não é uma obrigação, mas uma escolha que faz toda a diferença na vida de quem se permite vivê-la.

Depois de concluir a especialização em Psicanálise da Infância e Adolescência e em Psicanálise de Adultos, conheci e me encantei pela Psicanálise Vincular, uma abordagem que se concentra nas relações interpessoais e na dinâmica dos vínculos afetivos e familiares. Já com consultório lotado, lá fui eu para mais um período de estudos intensos, agora também Especialista em Psicanálise Vincular (Casal e Família). Ela inclui tanto o psiquismo individual quanto a interação intersubjetiva, isto é, o modo como as experiências, percepções e sentimentos de cada indivíduo influenciam e são influenciados pelos outros.

Na minha visão hoje, considerar a existência dos processos vinculares com efeitos inconscientes é um recurso imensamente poderoso em um processo terapêutico, traduzindo uma necessidade cada vez mais presente nas relações. Casamentos fracassados, brigas familiares, pais despreparados para exercer suas funções, seres humanos isolados em frente às telas ou criando realidades paralelas em razão de uma vida digital. Estar genuinamente com o outro se torna cada vez mais raro e desafiador. Contudo, é importante lembrar que nossa identidade é, em grande parte, moldada pelas interações que temos com os outros, pelos estímulos e pelas experiências que compartilhamos, as reações que essa convivência provoca e o que construímos juntos, no momento do encontro de nossas individualidades. Por isso, apesar das dificuldades, essas vivências são fundamentais para a formação da nossa personalidade e merecem ser valorizadas e cuidadas.

Relacionar-se dá trabalho, assim como viver. Frequentemente recebo pacientes trazendo queixas e angústias que, quando analisadas à luz de sua história pregressa, revelam a repetição de padrões de escolhas, o que evidencia a força do inconsciente. O meio em que uma pessoa cresce, com suas vivências infantis e interações familiares, se transforma em modelos de funcionamento psíquico e vincular. A mudança desses padrões depende de um trabalho profundo, que pode transitar pela esfera consciente, mas que em muitos casos só será modificado com uma abordagem profunda como a psicanálise.

Atuando como terapeuta de casais, presencio inúmeras discussões, em que um se sente atacado ou menosprezado pelo outro por não entender ou não acolher suas necessidades ou pedidos. Por exemplo, queixas do tipo: "Eu gosto de viajar, mas ele detesta" ou "Eu adoro cozinhar, mas ela reclama que deixo a cozinha toda bagunçada" podem parecer bobas e estereotipadas, mas deterioram as relações quando se tornam constantes e repetitivas. Revelam a dificuldade em aceitar e processar a diferença entre o outro idealizado e o outro real.[18] Amar outra pessoa não significa ser igual a ela.

---

18. PIVA, A. *Vincularidade*: teoria e clínica. São Paulo: Zagodoni, 2020.

"

Compreender que existem diferenças entre as pessoas e o modo como elas veem e entendem a realidade ajuda a amenizar os conflitos nos relacionamentos. Pessoas com relações prósperas sabem que tentar mudar o outro em razão daquilo que esperam não somente é ineficaz, mas coloca em risco o vínculo. Assim, em um mundo onde ser igual ao outro parece ter se tornado a norma, amar e ser feliz se tornou um desafio.

Luciana Deretti

As diferenças são justamente o que possibilita o encontro e a sensação de completude. No entanto, em um mundo onde a falta é cada vez menos reconhecida ou aceita, nos perdemos em meio a ideais de perfeição, seja nas expectativas que projetamos no outro, seja na maneira como idealizamos nossa própria vida.

Num cenário onde o que importa é a satisfação individual e imediata, muitos dos conflitos de um casal se potencializam em razão do desencontro na forma como eles traduzem os fatos e os sentimentos em palavras. O olhar aprofundado sobre os vínculos durante minha primeira formação psicanalítica de crianças e adolescentes, em que recebia como pacientes filhos que sofriam por causa de brigas e divergências entre os pais, fez com que eu me interessasse cada vez mais por essa área da psicanálise. A certeza de que é impossível uma criança crescer de forma saudável em um ambiente doentio foi uma das razões da minha identificação com a abordagem vincular.

Quanto mais evoluímos como sociedade, mais reflito acerca do significado da vida, das relações e do nosso papel dentro delas. A mente humana é, para mim, a representação mais autêntica do conceito de subjetividade e complexidade. Muito do que estudei há mais de vinte anos já não se aplica à realidade e aos dilemas atuais, dada a velocidade das mudanças no mundo. Frente a essa constatação, emerge uma das minhas maiores angústias ligadas ao mundo moderno.

Quantas vezes você está em casa, reunido com a família na sala, e, em vez de conversarem, está cada um com o olhar vidrado na tela do celular? E quantas vezes você sai para jantar com um grupo de amigos, alguém pega o celular para tirar uma foto do encontro e, de repente, estão todos navegando nas redes sociais ou trocando mensagens com alguém que não está ali? A tecnologia tem aspectos incríveis, é claro, mas não podemos ignorar que, quando usada sem consciência ou moderação, pode contribuir para o enfraquecimento das nossas habilidades sociais, sem falar no sofrimento psíquico gerado.

Inúmeros estudos comprovam – e a prática clínica confirma – que a imersão em uma vida digital tem forte impacto no sentido de restringir o bem-estar e o prazer dos usuários no dia a dia.[19] O consumo exagerado de jogos e o excesso de tempo passado nas redes sociais e assistindo a vídeos de diversos tipos prejudicam a capacidade de lidar com a frustração e os movimentos normais da vida, que exigem esforço, atenção e dedicação, inclusive para interagir com outras pessoas. Conquistas envolvem empenho, determinação e algum grau de descontentamento, visto que muitas vezes é preciso abdicar de algo para conseguir um objetivo. O condicionamento das ações ao prazer imediato, uma característica da sociedade moderna, impacta a todos: crianças, jovens e adultos.

A obrigação de se mostrar feliz e otimista no mundo virtual, uma das características também da contemporaneidade, faz parecer que emoções incômodas e desventuras, naturais da vida, têm que ser mascaradas, negadas ou reprimidas. Com isso, desaprendemos – no caso dos mais jovens, sequer há a oportunidade de aprender – a desenvolver e a utilizar recursos de autoconhecimento para sua evolução.

Como anteriormente referi, a frustração é constituinte do nosso psiquismo. Saber lidar com ela nos capacita para um viver mais leve e nos ajuda a reconhecer a verdadeira felicidade. Em uma sociedade onde o excesso de positividade gera danos consideráveis à saúde mental das pessoas – a chamada positividade tóxica –, impedindo-as de lidar de forma saudável com a tristeza, o erro e a frustração, é importante parar e pensar: vencer, conquistar e ganhar é incrível, mas como lidar com o não conseguir, o perder e o fracassar? Como faz para viver o lado B da vida com dignidade?

---

19. STEINERT, S. & DENNIS, J. M. Emotions and digital well-being: on social media's emotional affordances. *Philosophy & Technology*. 35:36, 2022.

"

Na era digital, somos seduzidos pela realidade que as telas nos apresentam; reféns dos algoritmos das redes sociais, projetamos na vida real uma felicidade fictícia. Uma cenário manipulado, paralelo, que cria armadilhas imensamente danosas para nossa saúde emocional.

Luciana Deretti

A internet está repleta de supostos especialistas e mentores divulgando treinamentos e mentorias, muitos deles apelando para termos e nomenclaturas que entram e saem de moda. Certa vez, me deparei com uma dessas influenciadoras vendendo seu curso on-line sobre "orientação parental". No perfil com milhares de seguidores em uma rede social, ela argumentava que, mesmo sem ter cursado faculdade de Psicologia, tinha experiência como mãe e, portanto, estaria preparada para intervir junto a crianças e orientar pais sobre como educá-las. Afinal, tinha conseguido educar o seu filho e superar os desafios da maternidade.

Nestes tempos obscuros, em que a rede mundial favorece a propagação sem limites de desinformação por pessoas irresponsáveis e sem qualquer compromisso com o bem-estar de sua audiência, é lamentável a banalização da atividade de profissões como as de psicólogo, psicanalista e psiquiatra, que exigem estudos profundos e muito empenho para compreender a complexidade da mente humana.

Atendo várias famílias pedindo socorro depois de anos tentando solucionar seus problemas com intervenções terapêuticas frustradas. Meu objetivo aqui é, também, alertar para a necessidade de se ter critério de escolha (o primeiro: optar por um profissional com formação sólida) e refletir seriamente antes de contratar qualquer serviço pela internet, ainda mais sendo na área de saúde. Afinal, você estará selecionando alguém para ter nas mãos o bem mais precioso que pode existir: a vida, seja a sua ou a de uma pessoa amada, como um filho. Um bom tratamento exige um trabalho psíquico profundo, que muitas vezes é árduo e envolve lágrimas. Essas lágrimas, porém, são sinais da apropriação da dor e do início de um processo de elaboração. É preciso ter muito cuidado com tratamentos que se limitam ao aconselhamento e a técnicas de reforço positivo, tão comuns atualmente, gerando inclusive dependência emocional do "paciente" junto a esses "profissionais". O caminho mais fácil hoje pode se revelar, no futuro, um atalho doloroso e custoso.

"

Vivemos sob a lógica do imediatismo,
numa corrida contra o tempo que nos
faz esquecer a importância do simples,
mas grandioso da vida. Tornamo-nos
seres produtivos em uma sociedade do
desempenho: quando estamos parados,
sentimos que estamos perdendo valor,
pois somos definidos pelo que
entregamos, em uma realidade em
que ter vale mais do que ser.
Essa engrenagem confunde as pessoas
sobre as verdadeiras prioridades na vida,
fazendo com que muitos anos, às vezes
existências inteiras, passem em branco.

Luciana Deretti

## QUANDO PERDER TAMBÉM É GANHAR

A vida é um constante balanço entre perdas e ganhos, e cada fase tem seus desafios, conflitos, lutos e evoluções.

Hoje, entretanto, na expectativa da recompensa e do prazer rápido e fácil, muitos optam por trocar de parceiro, de profissão e ir em busca de válvulas de escape para qualquer sensação desconfortável. Esquece que toda realidade pressupõe prazer e dor, e é a existência de um que valida o outro. Reconhecemos muito mais o valor de uma conquista, seja no trabalho ou na vida pessoal, quando entendemos o quanto foi difícil alcançá-la. Valorizamos um relacionamento amoroso quando temos consciência do investimento emocional e do tempo necessário para construí-lo e sustentá-lo ao longo do tempo.

Vivemos na contemporaneidade um excesso de positividade,[20] em que reconhecer a falta e o negativo se torna algo assustador para muitos. Dentro dessa lógica, a maternidade e a paternidade podem parecer aterrorizantes devido ao desconhecido e ao excesso de novidades. Logo mais falarei sobre minha experiência neste papel, mas voltando a temática deste capítulo, tenho certeza que minha experiência como paciente foi também fundamental no meu processo de elaboração do que vivi.

Por mais que as pessoas olhassem para mim com compaixão ao saberem das perdas que sofri – e talvez você, leitor, tenha sentido isso em algum momento –, tenho meu pai e meu irmão vivos dentro de mim. Não é fácil expressar o sentimento em palavras, mas é como se a morte fosse real e, ao mesmo tempo, fictícia. O corpo físico deles não está mais aqui, mas continuo a senti-los presentes. Voltando à frase com que iniciei este capítulo: ninguém morre enquanto está vivo dentro de nós. O que sempre me doeu mais foi pensar no meu futuro sem eles, nos momentos importantes em que não estariam do meu lado.

---

20. HAN, B. *Sociedade do cansaço*. Petrópolis: Vozes, 2017.

"

Quem vence hoje, um dia já perdeu.
Quando aceitamos isso, o caminho se torna
menos árduo. Viver uma experiência de
tratamento emocional é desmitificar
a derrota, saindo da posição de vítima
e assumindo ativamente o controle
da própria vida. É aprender a dar sentido
tanto à alegria quanto à tristeza.
Dessa forma, é possível amenizar o
sofrimento e encontrar recursos que
o transformem em uma estratégia
para construir o seu sucesso.

Luciana Deretti

Tive que aprender a sentir e lembrar deles de alguma forma. Nem tudo na vida tem explicação. Muitas vezes o universo irá parecer injusto, mas nada como um dia após o outro para aprender que viver é um exercício de perdão, a si mesmo e ao outro, e se preciso for, ao universo.

Há duas maneiras de manter vivo dentro de nós alguém ou algo que se foi: a primeira é leve e libertadora, resultado do perdão e da elaboração da culpa ou do arrependimento. A outra é pesada e tóxica, carregada do peso de questões mal resolvidas. Quando terminamos uma relação amorosa, por exemplo, existe um luto a ser vivido. Ressignificar o que aconteceu, aceitando que ninguém tem o poder de conduzir ou decidir sobre a vida do outro, preservando as boas lembranças, nem sempre é um processo fácil, mas se torna mais leve com apoio terapêutico.

Já que estamos falando de saúde emocional e dos recursos possíveis para conquistá-la, não posso deixar de abordar o uso de medicações psiquiátricas. Atualmente existe um alerta importante a ser feito em relação à medicalização do viver. Sabemos da capacidade de sedução da indústria farmacêutica junto à população e mesmo aos profissionais de saúde, com a promessa de soluções rápidas para o alívio de todo tipo de desconforto e sofrimento. Logo após as perdas que vivi, tomei remédios psiquiátricos, de vários tipos, algo que hoje lamento.

Naquela época, eu não tinha o conhecimento que tenho hoje. Quando lembro que reencontrar o sentido da vida após uma perda importante depende de um processo de luto elaborado, fico grata pelo dia em que, por causa da mudança de cidade, troquei também de profissional e decidi parar com os medicamentos. Saber lidar com a morte de quem amamos é algo que ninguém nasce sabendo, e muitas pessoas acabam buscando ajuda nos antidepressivos, na expectativa de que a dor desapareça como em um passe de mágica. No entanto, se essas substâncias não forem administradas corretamente,

"

Na transição da infância para a vida adulta, perdemos a inocência e a despreocupação, mas ganhamos autonomia, responsabilidade e capacidade de fazer escolhas que moldam nosso destino. Quando alguém se casa, deixa para trás a individualidade da vida de solteiro, mas ganha a intimidade, o companheirismo e o suporte emocional de um viver compartilhado. Nessa equação, o que é bom e ruim é muito relativo, pois as perdas abrem espaço para novos ganhos e oportunidades, como é com tudo na vida.

Luciana Deretti

podem impedir que se sinta a tristeza da saudade, da despedida, e a elaboração do que aconteceu.

É importante lembrar: sentir-se triste não significa estar deprimido. Pode ser um processo de profunda transformação, que não deve ser temido. É preciso reconhecer e se permitir sentir os múltiplos afetos, inclusive os que geram sofrimento. Aceitar, chorar, se tiver vontade e o quanto for necessário, porque é somente assim que o processo vai evoluir. Negando a dor, corre-se o risco de que ela venha a se tornar um fantasma a rondar a vida inteira.

Cada vez mais estudos comprovam o poder do trabalho psíquico por meio da palavra, como a psicanálise, na modificação do funcionamento e das estruturas de zonas cerebrais. Um trabalho que considero particularmente interessante analisou um grupo de 24 pacientes com depressão maior. Antes de iniciarem sessões de psicoterapia, os pacientes foram submetidos a ressonâncias magnéticas.[21] Depois de alguns meses de trabalho, as disfunções cerebrais, visíveis inicialmente, desapareceram quando os pacientes foram novamente examinados.

O sofrimento é algo único e individual.[22] Assim como a felicidade é particular e intransferível, toda dor é singular. Nunca haverá uma história de vida que se repete. Além do mais, a interpretação das vivências e circunstâncias é sempre diferente para cada indivíduo. Essa especificidade torna cada paciente único e cada atendimento um novo desafio. Se o que mantém um relacionamento vivo é a chance de surpreender e ser constantemente surpreendido pelo outro, imagine um trabalho em que não existe rotina e sempre haverá um elemento novo? Não pretendo convencer ninguém a virar psicólogo, e sim enfatizar a singularidade de cada tratamento e de cada

---

21. BEAUREGARD, M. Functional neuroimaging studies of the effects of psycho-therapy. *Dialogues in Clinical Neuroscience*. 16 (1), p. 75-81, 2014.
22. ARANTES, A.C.Q. *A morte é um dia que vale a pena viver*. São Paulo: Sextante, 2019.

Aceitar que não temos o poder de mudar certas situações, mas que podemos transformar o impacto que elas têm em nossa vida, é uma consciência libertadora e que está ao alcance de todos nós.

Luciana Deretti

relação terapêutica, para que se possa valorizar a atividade dos profissionais especializados, assim como a importância de buscar apoio de um quando o peso da vida parecer maior do que se consegue suportar.

O tratamento psicanalítico é uma jornada que transforma nosso passado, presente e futuro, nos libertando do impacto da transgeracionalidade em nossas vidas. Um dos meus momentos preferidos nesse processo é quando o paciente começa a reclamar das pessoas com quem convive. Há uma queixa ou comentário clichê: "Eu preciso me tratar, já que meu parceiro ou parceira não aceita fazer terapia" ou "Me analiso porque ele ou ela jamais vai conseguir pensar assim". Essa é a hora em que revelo a maior verdade de um relacionamento: nos casamos e nos conectamos com quem escolhemos. Portanto, a responsabilidade sobre o que sentimos também é nossa, e não só do outro. Pode soar cruel, mas é uma afirmação libertadora, pois passamos a entender que está em nossas mãos mudar o que nos incomoda. Esperar que qualquer pessoa passe a agir de maneira diferente só porque você assim deseja é um caminho sem sucesso. Agora, pensar na sua expectativa acerca do outro e de que forma a realidade dele interfere nas suas emoções liberta você de esperar que ele mude para que a sua vida melhore.

Muitas pessoas em crise no relacionamento deixam de procurar ajuda de um profissional porque a outra parte resiste à ideia, seja por achar desnecessário ou por entender que a responsabilidade do que não está bem depende do outro. Isso só faz piorar a situação, pois o conflito cresce e o sofrimento emocional ultrapassa as fronteiras do tolerável. Quando há filhos envolvidos, o prejuízo é ainda maior, já que as funções parentais acabam sendo afetadas pelo clima conjugal tenso.

Seja qual for a esfera da sua vida em que esteja insatisfeito e infeliz, não hesite em pedir ajuda. Ninguém precisa passar por algo extremo para reconhecer que não dá conta de lidar sozinho com o peso emocional e que precisa de apoio.

> Tudo morre, exceto o amor e
> as boas lembranças.
> Essas merecem a imortalidade
> dentro de nós.
>
> Luciana Deretti

Ainda jovem, tive consciência de que as pessoas morrem e que, portanto, o dia de amanhã poderia não chegar para mim ou para as pessoas que amo. O destino fez com que a história se repetisse e, assim como minha mãe, eu também perdi meu pai. Como se não bastasse, ainda fiquei sem meu irmão. Eu poderia encarar esses fatos como uma prova de que a vida é muito arriscada e, por isso, não valeria a pena construir uma família para depois perdê-la, já que essa tem sido a narrativa em nossa família.

Como dizia Freud, existem lembranças encobridoras que supostamente nos desviam do que permanece como trauma.[23] Às vezes, negar certas vivências nos faz construir um escudo contra qualquer sofrimento relacionado ao que desejamos esquecer. Nessa lógica, tentar ter uma família seria algo muito perigoso para mim. No entanto, não me conformei com isso e insisti.

Quando me perguntam por que, como psicóloga clínica e psicanalista, com tantos anos de experiência, fui para as redes sociais e depois decidi escrever um livro, respondo que sair da zona de conforto e desafiar-se é uma sensação incrível, ainda mais transformando minha trajetória profissional em um novo propósito na minha vida. Embora imensamente realizada por ter uma agenda lotada, com pacientes aguardando para atendimento, aventurar-me nestes novos universos é um desafio repleto de pulsão de vida. Mesmo amando o que fiz durante todo esse tempo, e continuarei fazendo pelos meus pacientes nos atendimentos, seja presenciais no consultório ou remotos, romper algumas barreiras e preconceitos tornou-se fonte de inspiração e motivação. Saber que, hoje, aquelas pessoas que não podem ter acesso a um tratamento, seja comigo ou com outro profissional, inclusive por motivos financeiros, poderão, por meio deste livro ou nos meus conteúdos das redes sociais,

---

23. FREUD, S. Lembranças encobridoras. In: Freud, S. *Edição Standard Brasileira das Obras Psicológicas Completas de Sigmund Freud*: vol. 3. Rio de Janeiro: Imago. (Trabalho original publicado em 1899.)

encontrar auxílio ou conforto para seus sofrimentos tornou-se algo muito significativo para mim, inclusive palestrar, subir ao palco e falar para tantas pessoas, disseminando meu saber, é algo que me emociona toda vez. É sobre fazer o bem, mesmo sem saber a quem. É ter um propósito e saber o porquê de estar vivo. Não foi ao acaso que Deus permitiu que eu sobrevivesse àquela tragédia, e estou aqui para fazer dela uma inspiração para quem também quiser escolher ser feliz.

A teoria psicanalítica defende a neutralidade do analista, o que por muito tempo foi confundido com a absoluta inexistência dele como pessoa real. Após duas décadas de atendimento, fui estabelecendo dentro de mim a certeza de que, além do mundo inconsciente de cada ser humano, não podemos negar a força do pensamento consciente. Existem conceitos, olhares e perspectivas sobre a vida que podem ser transformadores no nosso modo de viver. As palavras e os pensamentos têm poderes que vão além. Ademais, sonhar é possível e estabelecer metas reais e alcançáveis funciona como uma fonte de força e motivação. Com as páginas deste livro, espero poder levar um pouco da minha determinação para quem comigo aqui estiver.

E falando em objetivos, vamos a dedicatória deste livro, a colheita mais linda do meu viver até aqui. Embora o destino tenha feito com que minha história fosse marcada por perdas e sofrimento, eu não desistiria de lutar pelos meus objetivos: transformar a vida das pessoas, as conduzindo no caminho do protagonismo do seu sucesso e da sua felicidade como profissional e tendo a minha própria família novamente. A felicidade é única e intransferível. Não deixe de fazer pelo seu bem-estar aquilo que estiver ao seu alcance. Esperar pela decisão de mudança de quem você ama para que você também assuma a necessidade da sua melhora é postergar a possibilidade de ser feliz. Vamos, então, ao próximo capítulo desta história...

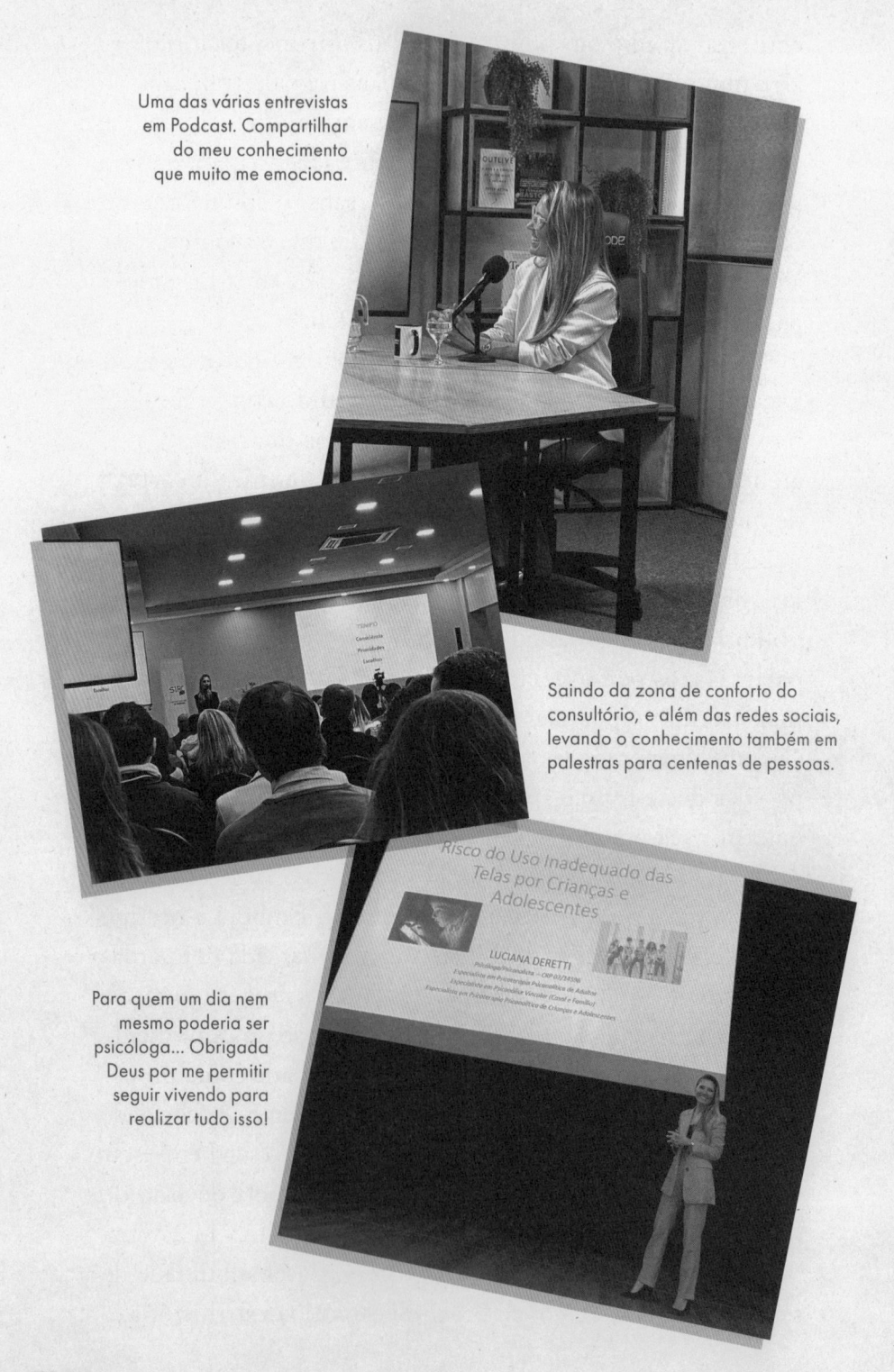

Uma das várias entrevistas em Podcast. Compartilhar do meu conhecimento que muito me emociona.

Saindo da zona de conforto do consultório, e além das redes sociais, levando o conhecimento também em palestras para centenas de pessoas.

Para quem um dia nem mesmo poderia ser psicóloga... Obrigada Deus por me permitir seguir vivendo para realizar tudo isso!

CAPÍTULO 6

# RESSIGNIFICAR A VIDA A PARTIR DA EXPERIÊNCIA DE TER UM FILHO

Muitas vezes, achamos que quando algo demora a acontecer pode ser um sinal de que "não era para ser". Mas na vida nem sempre nossos tempos são os mesmos do destino. Algumas vezes ele posterga, em outras, antecipa aquilo que esperamos.

Fui pedida em noivado depois de seis meses de namoro e, um ano e meio depois, estava casada com o homem com quem realizaria o sonho de construir uma família e com quem, se Deus permitir e tivermos maturidade, quero passar o resto da minha vida. Eu tinha memórias muito bonitas da minha infância no interior: a convivência com meus pais, o contato com a natureza e a simplicidade do dia a dia eram valores e vivências que eu queria transmitir aos filhos que teríamos. Como meu marido tinha aspirações parecidas, decidimos juntos procurar oportunidades de trabalho fora da capital.

Nessa busca, descobrimos a cidade de Santa Cruz do Sul, onde conseguimos conciliar vários de nossos desejos: morar em um lugar tranquilo, com pomar, espaço suficiente para as crianças correrem e qualidade de vida. Tudo isso sem nos afastarmos demais da cidade grande, onde tínhamos muitos amigos e onde também pulsava meu coração. Além disso, Porto Alegre, capital do nosso estado, é um importante centro de estudos, o que facilitaria para que nós dois continuássemos nossa atualização profissional. Porém, inicialmente, eu tinha dúvidas se meu consultório na nova cidade iria decolar.

Afinal, tinha ido morar lá em razão de uma oportunidade de trabalho que meu marido recebera. Os primeiros meses foram difíceis, afinal, as pessoas não me conheciam. Mas eu, novamente, não iria desistir. Demorou, mas eu persisti, sabia que uma hora daria certo, teria que dar. E quando tive a chance de mostrar o que sabia, tudo aconteceu como sempre imaginei. O reconhecimento veio, não deixando nada a desejar em relação à rede de contatos e aos encaminhamentos que eu havia construído na capital. Em pouco tempo, me vi atendendo das oito da manhã às oito da noite, de segunda a sábado. Ainda assim, pegava a estrada para ir à capital, duas horas de ida e duas de volta, algumas vezes eram viagens semanais, a fim de concluir minhas formações psicanalíticas ou ainda manter meus grupos de estudos.

Estava tão realizada profissionalmente que a maternidade demorou um pouco para chegar. Cinco anos depois da mudança, começamos a pensar na realização do sonho de termos um filho. Nesse meio tempo, escolhemos o lugar que seria nosso lar e onde eu tinha certeza que reproduziria muitas das memórias que eu trazia da minha infância, principalmente aquelas que remetiam ao contato com a natureza. Construímos uma casa em um condomínio fechado, com muito verde ao redor e nos mudamos um mês antes do nascimento de nosso primeiro filho. Havia muita expectativa em torno desse nascimento e, com ele, a chance de definitivamente ressignificar o meu passado. Eu tinha certeza de que, ao me tornar mãe, os Natais voltariam a ser momentos de felicidade, trazendo um novo significado para a vida, tanto para mim quanto para minha mãe. Experimentar essa nova fase ao lado do meu marido, enxergando a vida através de uma perspectiva renovada, foi uma experiência fascinante, assim como foi mágico descobrir que teríamos um menino, a quem demos o nome de Leonardo. O significado, "forte como um leão", é cheio de simbolismo, pois é como desejamos que um filho cresça e se desenvolva. O significado da sua chegada transcendia a experiência da maternidade. Era o verdadeiro recomeço, uma chance de ter uma família novamente.

Quando Leo nasceu, eu tinha 28 anos. Apesar da pouca idade, já possuía uma carreira sólida e boa experiência clínica, o que me permitia compreender as armadilhas e dificuldades da maternidade a partir dos relatos de minhas pacientes. Às vezes, me perguntam se, por ser psicóloga especialista em famílias, para mim é mais fácil ser mãe. Respondo que talvez

> Filhos nos mostram a extensão da nossa força, mas também nos ensinam as limitações da vida. Por maior que seja o amor, há coisas que não podemos fazer por eles, nem evitar, independentemente do esforço que fizermos. Cada filho é único, com características que nem sempre corresponderão às nossas expectativas e ideais. Mas, ainda assim, é o mais incrível e recompensador desafio que se pode ter na vida.

Luciana Deretti

seja mais sereno e tranquilo, mas não menos desafiador. Isso porque sei, por exemplo, que é importante equilibrar a presença afetiva na função materna (e paterna também), equacionando em nosso mundo interno as reflexões para compreender nossos filhos e nossas necessidades individuais, inclusive no que diz respeito aos demais papéis que desempenhamos na vida. É uma vivência maravilhosa e, ao mesmo tempo, difícil.

Quando minhas pacientes grávidas pedem recomendações de livros para ler durante a gestação, sempre digo: não existe manual. Isso é algo crucial para se ter em mente, especialmente em tempos de redes sociais, com influenciadores e *coaches* vendendo fórmulas e treinamentos para tudo. Ter um filho é uma combinação da idealização de maternidade (ou paternidade), muitas vezes alimentada desde que se é criança ou adolescente, e da realidade com que nos deparamos a partir do nascimento. Porque sonhar em ser mãe ou pai é diferente de querer ter um filho. Assumir esse papel reflete nossos sonhos e expectativas, enquanto o desejo de ter um filho envolve abrir-se para um universo novo e desconhecido, em que a ânsia de controle e desejo de acertar é limitada pela existência de um novo ser com uma subjetividade própria.

Por mais que nos esforcemos, criar um filho dificilmente será do jeito como imaginamos e gostaríamos. Como digo no consultório: assim como uma criança pode pegar um graveto e dizer que é um avião, ela pode interpretar de maneira distorcida e diferente tudo o que ouve de nós. Isso ocorre porque a lógica fantasmática atua com intensidade máxima no psiquismo infantil.

Assim, nem sempre o que dizemos é compreendido da forma como esperamos, e a imaginação da criança pode modificar a interpretação dos fatos e as circunstâncias. Não que isso não aconteça também na vida adulta, mas na infância essa tendência é muito mais forte. Se de vez em quando você se estressa porque entendeu de forma equivocada algo que seu marido queria dizer, mesmo tendo maturidade e sabendo diferenciar o significado das palavras, imagine como isso pode se dar na cabeça de uma criança, que passa o dia brincando de faz de conta! É fácil ela confundir o que é brincadeira e o que é real, isso faz parte da primeira infância. Quem é pai ou mãe vai entender: sabe quando o filho tem pesadelo à noite porque mais cedo brincou de bandido ou de bruxa? A mesma fantasia que torna o brincar tão mágico pode interferir na forma como a criança entende a realidade e, mais importante, internaliza o que o adulto fala.

Na criação de um filho, nos deparamos com dois cenários. O primeiro é aquele em que fazemos e dizemos coisas conscientemente; o outro diz respeito ao nosso mundo inconsciente, que pode interferir no modo como reagimos às circunstâncias envolvendo nossos filhos. São os famosos "gatilhos emocionais". Independentemente daquilo que pensamos, temos dentro de nós, como falei no capítulo anterior, um universo inconsciente, que se constitui a partir do nascimento e vai se desenvolvendo à medida que vivemos nossas histórias familiares. Muitas das nossas reações junto aos nossos filhos são influenciadas pelo que assistimos quando estávamos no lugar deles (como filhos) ou são de alguma forma impactadas por traumas familiares. Quando não elaborados, esses traumas tendem a se repetir de uma geração para outra.

Para saber agir com um filho, e a partir daí construírem juntos uma relação saudável, é importante que os pais conheçam ou tentem entender o que está acontecendo com ele e o porquê de ele reagir de certa forma em determinada situação. Ter a consciência do significado dessas cenas nos leva a ter cuidado com conclusões automáticas que muitas vezes tiramos de suas atitudes. Se há um aspecto que trabalho insistentemente com meus pacientes, é a importância de passar tempo de qualidade com nossos filhos. Fico preocupada quando vejo mulheres e homens abrindo mão desse convívio em razão

"

A infância passa rápido e
é um período em que a presença
dos pais é fundamental para
a constituição do psiquismo.
Nenhuma casa bonita,
carro importado ou brinquedo caro
substitui a importância desse
tempo juntos. Filhos são pequenos
somente uma vez na vida.

Luciana Deretti

de uma sobrecarga de trabalho, que muitas vezes não seria necessária. Seduzidos por um ideal narcísico de completude que a sociedade nos provoca, perdem, como pais, o tempo mais precioso que existe na sua vida junto aos filhos. É uma corrida atrás de metas que eles poderiam esperar, afinal, como sempre alerto, e meus pacientes que estiverem lendo se lembrarão disso: filhos pequenos temos somente uma vez na vida, mas tempo para ganhar dinheiro, temos a vida toda. Isso sem falar ainda do ideal do corpo perfeito, do ranking do futebol, beach-tenis, das presença constante nas confrarias e tantos outros grupos.

Uma das certezas que tenho, a partir de tantos anos estudando e acompanhando pacientes nas suas jornadas, é que a infância dos filhos tem um tempo determinado.

A vida adulta nos permite evoluir, pessoal e profissionalmente, por muitos anos além daqueles poucos que teremos para acompanhar o desenvolvimento de uma criança. Para ser mais precisa, os primeiros doze anos são de maior dependência emocional em relação aos pais. Então vem a adolescência, quando os filhos adquirem outros interesses e objetivos, projetando nos amigos a identificação e idealização que antes ainda era dirigida aos pais. Essa etapa da vida pode se tornar "perigosa" sem a constituição prévia do vínculo que protegerá o adolescente dos riscos do mundo lá fora.

Vou tentar explicar brevemente, porque este não é um livro sobre desenvolvimento emocional – talvez um dia eu escreva algo a respeito. No entanto, o que quero abordar está profundamente ligado a um dos maiores desafios enfrentados pelas famílias no mundo atual. E, como a busca pela felicidade e a harmonia em família é uma das reflexões que proponho aqui, vamos em frente.

O desenvolvimento emocional de cada um de nós se dá ao longo das diferentes fases da vida. Com essa consciência, sempre busquei encontrar equilíbrio entre meus papéis de profissional, esposa e mãe e esta análise do funcionamento global das famílias faz parte do meu mais novo projeto no consultório: a Mentoria Life Project. Nela, faço toda uma avaliação do funcionamento familiar quando o paciente identificado é um filho, e quando a procura é pelo atendimento individual, no caso, paciente adulto, avaliamos também sua adequação nos múltiplos papéis que ocupa na vida. Mas, voltando a minha versão mãe, uma cena que nunca me saiu da memória foi uma das primeiras vezes que saí para trabalhar o dia inteiro quando estava terminando minha licença maternidade. Ao sair, vi o Leo indo para a pracinha do condomínio com nossa ajudante. Vê-los ali, ela toda de branco, fazendo a coisa que eu mais amava na vida, me deu a certeza de que abdicar da integralidade do meu lugar profissional durante a primeira infância do meu filho seria a minha prioridade. Graças à minha caminhada profissional, que me dava segurança para sair um pouco de cena, e talvez à minha experiência de vida, tive maturidade e segurança para poder negar novos processos de tratamento. Ficar com ele (e isso depois se repetiu com Lorenzo) nos primeiros anos de vida, acompanhando suas conquistas, seu desenvolvimento, era para mim uma fonte de plenitude. Trabalhava toda tarde, e durante a manhã me dividia entre o tempo com ele e alguns pacientes remotos que já atendia naquela época (por morar em uma cidade com muitas multinacionais, desde sempre tive pacientes morando em outros países) o que me demandava uma flexibilidade de horário em razão dos fusos que precisava atender de casa.

Após o primeiro ano de vida dele, retomei integralmente minhas atividades no consultório, mas continuei priorizando alguns momentos do dia como mãe, dos quais não abria mão. Enquanto me dedicava e desfrutava de cada experiência da minha primeira maternidade, surgiu a vontade de termos um segundo filho e, vivendo novamente a mais linda relação de amor e esse incrível desafio de conduzir a formação psíquica de uma criança.

Ressignificar a vida a partir da experiência de ter um filho

Minha maior realização, uma família novamente.

Nós em viagem pela Europa, sempre fazendo questão de levar os meninos, para aproveitar todo o tempo possível com eles.

Ter um irmão foi uma bênção para mim, assim, queria muito que nosso Leo tivesse também essa vivência. Meu irmão, André, esteve comigo por apenas catorze anos, mas continua vivo em mim até hoje, assim como os ensinamentos que deixou. Quando Leo tinha dois anos e dois meses, descobrimos que estávamos grávidos e, no mês do seu aniversário, chegou Lorenzo, nosso menino de ouro, lindo também, por dentro e por fora. Os dois são meninos incríveis, curiosos, inteligentes, adoram esportes, música, cada um do seu jeito, com suas particularidades. O mais incrível: eles nos ensinam tanto diariamente.

E eis que outubro, aquele que era para ser o mês mais triste das nossas vidas, se tornou, após tantos anos, fonte de expectativa, gratidão e felicidade. Se alguém duvida que Deus existe, para mim, essa é uma fiel prova.

Tem algo que digo aos meus pacientes: em matéria de filhos, um mais um não é igual a dois, mas a onze. As demandas se sobrepõem e as diferenças exigem um esforço no nosso modo de pensar e agir que acaba tendo que ser diferente com um e com o outro. Muitas vezes me perguntam como é possível que, sendo criados do mesmo jeito, dois filhos possam ser tão diferentes. O que respondo é que o fato de terem os mesmos pais não significa que nasceram no mesmo momento da vida desses pais. Nenhuma pessoa é estática; mudamos todos os dias e com o passar do tempo – esse é um dos maiores encantos da vida.

Quando Lorenzo nasceu, tínhamos mais experiência e maturidade, mas a sobrecarga de tarefas e responsabilidades também era maior. Isso exigia ainda mais serenidade para abdicar de outros prazeres em nome de estarmos presentes, tanto física quanto afetivamente, junto a eles. Meu marido e eu amamos nossas profissões e sempre trabalhamos muito. No entanto, em um acordo entre nós, decidimos que ele faria jornadas mais longas para que eu pudesse acompanhar de perto o dia a dia do crescimento dos meninos. Nessa equação

> A experiência de ter um filho nos permite compreender melhor os desafios que nossos pais enfrentaram. É um exercício de empatia e compaixão, além de uma oportunidade de ressignificar a nossa relação com eles. Essa re-historização liberta nosso inconsciente das marcas do passado e nos permite viver com mais leveza e autenticidade os novos papéis.

Luciana Deretti

de tempos e possibilidades, criamos uma rotina de viagens e "escapadas" – viajar, para mim, é me abastecer de memórias – para estarmos em família o máximo de tempo possível. Juntos, conhecemos muitos lugares, e cultivamos lindas memórias. Talvez eles não se lembrem com exatidão de todos os museus e locais que visitamos, mas os momentos afetuosos que passamos juntos certamente estão registrados dentro deles.

Depois do segundo filho, faltava ainda um sonho antigo por realizar: ter um cachorro. Era o membro que faltava para a família estar completa. Desde que assisti pela primeira vez ao filme *Marley & Eu*, ainda na adolescência, decidi que um dia teria não somente uma família novamente, mas um cachorro preferencialmente grande. O filme – que eu já devo ter visto umas vinte vezes, chorando em todas elas – conta a história de um casal que está começando a vida juntos, e o marido, inseguro sobre querer se tornar pai ou não, adota um cachorro para dar de presente à esposa.

Marley, um labrador, chega filhote à família, mas cresce e transforma em um completo caos a casa e a vida do casal. Só que, em meio aos desafios da vida em família, inclusive após o nascimento dos filhos, eles descobrem o verdadeiro significado do amor, seja no casamento, junto aos filhos ou junto ao cão de estimação. Apesar de todo o caos, perdas, aprendizados e sofrimento, existem muitas alegrias e, para mim, o filme sempre foi o retrato do que eu sonhava e acreditava que era possível. Não existe vida perfeita, e em meio às atrapalhações da rotina e do destino, o amor tem um poder imenso de curar e unir.

Assim que meu marido e eu compramos o terreno onde construímos nossa casa, uma das primeiras providências foi cercá-lo, já pensando no dia em que teríamos um cachorro. Mas a vida logo entrou em ritmo acelerado, com muito trabalho, filhos e rotina. Além disso, como viajávamos bastante, tanto por causa do trabalho do meu marido como por nossa paixão por explorar o mundo juntos, ter com quem deixar o pet durante nossa ausência seria uma dificuldade. Mas aí veio a pandemia do coronavírus, que jamais será esquecida por todos nós.

No início de 2020, tínhamos duas viagens programadas para o ano, que acabamos desmarcando porque logo entendemos que aquele cenário seria prolongado. E decidimos que, já que seríamos obrigados a reduzir a carga de trabalho e passar mais tempo em casa, teríamos condições para, finalmente, receber nosso filhote canino, dar a ele toda atenção e cuidado necessários e curtir sua presença. Eu, que não sei fazer nada pela metade, fui atrás do cachorro dos meus sonhos, da raça Golden Retriever, por ser inteligente, dócil e companheiro. Além de lindo, ele seria tão grande quanto havia sido a espera para tê-lo em minha vida, afinal, ele era o decreto de que tudo tinha dado certo.

Procurei o presidente da associação gaúcha dos criadores de Golden, que me colocou em contato com um dos principais criadores da raça no Estado. Escolhemos os pais do nosso filhote e, alguns meses depois, recebemos nosso Luke, que chegou para nos ensinar sobre uma intensidade de amor e conexão que eu até então não imaginava que pudesse existir entre humanos e animais.

Leo e Lo nos fundos da nossa casa com Luke.

Luke e eu começando nosso dia, assistindo o nascer do sol na nossa corrida, enquanto agradecemos a Deus por mais um dia.

Luke é uma companhia infalível nas minhas corridas matinais: todos os dias, faça chuva, faça sol, ou um frio de zero grau, acordo cedinho e ele está me esperando para corrermos juntos atrás do nascer do sol. Desejo que todo mundo possa um dia viver uma relação de troca como essa, em que não existem palavras, mas uma cumplicidade que muitos humanos não conseguem estabelecer ao longo de uma vida inteira. Agora temos dois meninos lindos e um cão adorável, todos muito amados e com nomes que começam com L: Leonardo, Lorenzo e Luke. Essa é a nossa tribo, a nossa gangue, o nosso time. Eis a razão maior da minha felicidade.

## ENSINANDO SOBRE AS FRUSTRAÇÕES DA VIDA

Lembrar de como você se sentia na idade ou na fase da vida em que seus filhos estão atualmente pode ajudar a entender o que eles sentem quando agem de forma diferente do que você acha que seria adequado. Espera-se que o adulto, com sua bagagem de vida, consiga entender e reagir de maneira mais adaptativa do que a criança, direcionando suas atitudes de forma mais equilibrada.

Somos uma geração de pais atarefados, vivendo no piloto automático e muitas vezes incapazes de enxergar nossos filhos. Mergulhados em nossos ideais de perfeição e sucesso, podemos nos perder nas entrelinhas da vida e deixar de lado uma das capacidades mais belas do ser humano: colocar-se no lugar do outro. Ao contrário de muitas crianças atualmente, somos na grande maioria uma geração de pais que cresceu sem poder ter tudo, pois não havia a tecnologia para antecipar os tempos. Por exemplo, para assistir ao próximo episódio de nosso desenho preferido, muitas vezes precisávamos esperar uma semana, quando passaria na televisão.

Hoje, nossos filhos não só têm um cardápio variado de desenhos e canais como podem acessá-los a qualquer momento e quantas vezes quiserem, inclusive avançando episódios e temporadas, no caso de se sentirem ansiosos ou entediados, nem que para isso deixem de acompanhar o desenrolar da história. É triste, pois isso acaba incentivando uma geração impulsiva, que não sabe esperar, não aceita ouvir "não" e acha que vai "morrer" se não tiver o que quer na hora em que deseja.

Isso me faz lembrar de quando atendi a família do Francisco, um menino que, mesmo tendo uma boa criação, com pais presentes e cuidadosos, com limites firmes e claros, era um menino com uma enorme dificuldade para lidar com amigos. Era um adolescente respeitado e educado, mas algo acontecia que ele não conseguia se sentir aceito nos grupos. Depois de algumas conversas com os pais, entendi que eles tinham um amor tão grande pelo menino que, sem perceber, acabavam protegendo-o de situações que são estruturantes para o desenvolvimento emocional de qualquer criança.

A mãe era cuidadosa, afetuosa e sempre pronta para tudo que Francisco precisasse, conhecendo os detalhes de sua vida e compreendendo tudo o que ele dizia. O pai, por sua vez, sentia-se culpado pela ausência física e fazia o máximo para compensá-la, atendendo a todos os desejos do filho. Mesmo cansado, nunca negava um convite para jogar futebol, pescar, soltar pipa ou montar Lego, para não o frustrar. Acontece que a realidade que os pais apresentavam ao filho era incompatível com a vida como ela é. Na escola, por exemplo, era impossível Francisco receber o mesmo nível de compreensão que tinha em casa. Por mais que ele fosse legal, e era, não agradava a todos, o que é normal. Às vezes, ficava de fora de alguma situação ou brincadeira, mas nem por isso um amigo vinha correndo pedir desculpa ou dar explicações depois. Ou tentava propor um jogo que não era aceito pelo grupo, ou até perdia uma disputa e, então, descobria que não era bom em tudo.

O pai de Francisco trazia dentro de si marcas da ausência paterna, algo que ele não queria repetir com o próprio filho. Para a mãe, o menino era a realização de um grande sonho.

Assim, fizemos um trabalho terapêutico vincular: com o pai, trabalhamos a culpa por achar que não era presente ou disponível como achava que deveria ser. Com a mãe, a possibilidade de estar ao lado do filho sem se desdobrar para satisfazê-lo o tempo todo e desconstruindo o fantasma de que isso pudesse enfraquecer o vínculo entre eles.

O caso dessa família retrata o desafio que é exercer a maternidade e a paternidade, pois não há receita pronta ou manual didático; cada família é única. A vida traz mais frustrações do que recompensas, ensinar isso às crianças é fundamental. Aprender a lidar com as próprias emoções, reconhecendo as marcas do seu passado e a toxicidade que elas podem gerar na nova história familiar sendo construída possibilitou que os pais aprendessem a equacionar suas necessidades com as do filho. Assim, eles puderam criar um ambiente mais realista e saudável para o desenvolvimento de Francisco, melhorando o relacionamento com ele, o que é fundamental para a saúde psíquica de todos os membros da família.

Outro aspecto essencial a ser abordado junto a pais e filhos hoje é a forma como se lida com as mídias sociais, no sentido de saber filtrar o que é real e o que é ilusão e se blindar contra a ideia sedutora (e falsa) de que conseguir as coisas é fácil. Perfis com milhares de seguidores propagam um caminho descomplicado para o "sucesso", entendendo-o como ter o corpo dos sonhos, uma casa de novela, viagens incríveis, bens materiais caríssimos. Ou seja, condicionam a felicidade a valores que nada têm a ver com a construção de vínculos afetivos saudáveis, e que nem mesmo são garantia dela. Isso prejudica demais a capacidade das pessoas de lidar com frustrações.

Nas redes sociais, tem-se a impressão de que seguir uma rotina regrada, com bons hábitos de vida – prática de atividade física, alimentação equilibrada, gerenciamento do estresse e dos relacionamentos, entre outros que todo mundo sabe que garantem uma vida saudável –, é fácil, uma vez que os donos dos perfis nessas plataformas compartilham apenas os resultados visíveis – corpos bonitos, pratos saudáveis, vidas aparentemente perfeitas e alegres – e não a jornada inteira até alcançá-los. Essa exibição seletiva do sucesso omite o árduo caminho de disciplina, dedicação e esforço contínuo para alcançá-lo. Só assim se conquista objetivos importantes. No entanto, somos levados – e os jovens, principalmente – a idealizar uma realidade distorcida e superficial, como se não houvesse obstáculos e frustrações, e principalmente, sem considerar o tempo necessário para se chegar lá.[24,25,26]

Uma das coisas mais fascinantes da maternidade, para mim, é saber que todos os meus movimentos, ações e palavras terão um simbolismo para meus filhos. Por exemplo, eu me exercito todos os dias logo cedo. Sempre que eles me veem fazendo isso, sei que há uma mensagem implícita: sentir-se bem exige esforço. É preciso colocar a disposição para ir à academia à frente da preguiça e do cansaço, driblar os problemas no trabalho, fazer caber na agenda já tomada por compromissos domésticos e profissionais, ou seja, precisa ser uma responsabilidade individual. Alimentar-se bem significa renunciar ao fast food, ter tempo para sentar-se à mesa, comer com calma, nutrir o corpo com o que ele precisa para funcionar como deve. Digo sempre aos meus filhos que é preciso estabelecer as prioridades na vida e que uma das coisas que o dinheiro não pode comprar é a saúde. Ser saudável é uma escolha acessível a todos, mas depende de investimento de tempo e empenho. Saber que a

---

24. MAZZEO, S., WEINSTOCK, M., VASHRO, T., et al. Mitigando os danos das mídias sociais para a imagem corporal e transtornos alimentares de adolescentes: uma revisão. *Psychol Res Behav Manag*. 4 de julho;17:2587-2601, 2024.
25. CASALE, S., PETTINI, C., FIORAVANTI, G., et al. A relação entre o uso problemático do Instagram e as dimensões de investimento na imagem corporal: o papel mediador da comparação social no Instagram e a necessidade de esconder falhas corporais. *Clin Neuropsychiatry*. Fev, 21(1):79-87, 2024.
26. CARRATURO, F., DI PERNA, T., GIANNICOLA, V. et al. Inveja, comparação social e depressão em sites de redes sociais: uma revisão sistemática. *Eur J Investig Health Psychol Educ*. 1 de fevereiro;13(2):364-376, 2023.

saúde se constrói dia após dia (e fazer a sua parte) é uma atitude madura e possível. Assim é na vida em relação a tudo, seja o sucesso escolar, profissional ou num relacionamento. A prática de esportes aconteceu de forma natural na rotina dos nossos filhos, é uma condição inegociável. Independentemente da modalidade que escolham, é essencial que a prática de alguma atividade física esteja sempre em sua agenda.

Os anos de atendimento a crianças e adolescentes, e minha experiência individual, validam que o esporte é um laboratório para as experiências da vida. No mundo de hoje, tendemos a ser imediatistas e buscar atalhos ou soluções mágicas para chegar aonde queremos: remédios para tirar o apetite e emagrecer a jato, procedimentos invasivos e, muitas vezes perigosos, dietas malucas, e assim por diante. No esporte aprendemos que tudo é um processo. Os jovens têm crescido imersos na realidade paralela das redes sociais e, pior, assistindo aos pais e a outros adultos buscarem soluções mágicas ou rápidas também para seus problemas e demandas. Quantas pessoas fazem maus negócios, mergulham em dívidas e pagam juros abusivos porque agem no impulso em vez de esperar para comprar algum bem que desejam muito, seja um carro, uma bolsa de marca ou uma peça de roupa da moda? O esforço e a espera não farão com que nosso objeto de desejo desapareça, pelo contrário: podem aumentar o valor de conquistá-lo.

Sempre mantive uma visão realista sobre as possibilidades na minha família. Sim, temos condições de usufruir de alguns confortos hoje, mas cada recurso é resultado de esforço e de muitas horas de trabalho. Isso nos leva a avaliar cuidadosamente cada gasto ou investimento, buscando compreender a real necessidade para evitar desperdícios. Independentemente de onde estivermos, contemplar as coisas simples sempre fez parte do meu viver em família: aprendi isso com meus pais e passo adiante aos meus filhos.

> Ensinar um filho a enxergar a beleza nas coisas simples da vida e ter consciência de que a felicidade não está no que temos, mas no que vivemos, é uma das maiores heranças que se pode deixar.

Luciana Deretti

Apesar de ter realizado o sonho de morar em uma casa grande, bonita e confortável, e de ter uma condição financeira que me permite viajar e conhecer lugares que sempre sonhei, meu propósito como mãe sempre foi reproduzir a infância simples que tive. Criar nossos filhos podendo ensinar a eles que colher frutas do pé é mais gostoso do que comprar no mercado, que pisar na grama com os pés descalços é uma delícia e que ficar sentado no sofá, assistindo a um filme e comendo pipoca com quem amamos, pode ser um retrato fiel do que é a felicidade. São coisas que não têm preço, só valor.

Novamente me vem a mente a ameixeira no pomar da casa onde moro hoje com minha família. Como já disse antes, tive uma infância muito simples: poucos brinquedos elaborados, mas muita natureza, animais, liberdade para correr, me divertir, me sujar, ser eu mesma. Acredito que quem convive comigo percebe a autenticidade que preservo no meu jeito de ser: minha forma de agir e de me relacionar, com uma simplicidade e espontaneidade que carrego até hoje.

Fazia parte da rotina diária passar na chácara que tínhamos no fim do dia, pois ficava pertinho de casa, para ver quais árvores tinham crescido, quais tinham dado frutos, ver como estavam os porcos, as galinhas, os coelhos e outros animais que criávamos. Via meus pais carneando porco ou gado e passávamos o tempo em outras atividades impensáveis para as crianças de hoje, mas comuns no meu dia a dia naquela época. Para meus pais, eram momentos de reviver seu próprio tempo de criança, já que os dois foram criados no interior. Revisitar a história e os hábitos de nossa família pode ser muito interessante porque, de certa forma, conta um pouco da trajetória a partir da qual construímos nosso presente.

Por tudo isso, o dia em que vi meus dois filhos comendo ameixa comigo embaixo da árvore foi um dos mais felizes da vida. O mundo dá muitas voltas, e apesar das dores e perdas pelo caminho, é possível reconstruir nossa história quando se tem fé e determinação. Hoje, com meus meninos crescidos, mantemos a rotina da minha infância: todos os dias depois do almoço caminhamos entre as árvores no quintal de casa, com nosso cachorro junto, para ver quais árvores estão dando frutos. Além da ameixeira, temos pé de pitanga, cereja, bergamota, laranja, figo, jabuticaba e várias outras frutas. Nesses momentos, não saboreamos só as frutas que colhemos, mas contemplamos os momentos eternos que construímos juntos.

A maternidade, assim como a paternidade, nos faz revisitar muitos aspectos de nossa história. Essa experiência abençoada de criar filhos nos leva a refletir sobre o que repetir e o que evitar daquilo que nossos próprios pais fizeram. Não existem pais perfeitos.

O mais próximo que podemos chegar do ideal para nossos filhos é trilhar o caminho da sinceridade e da autenticidade. Como dizia um dos principais psicanalistas de crianças e adolescentes, D.W. Winnicott, a capacidade de sermos "suficientemente bons" como pais é do que os filhos realmente precisam. Isso quer dizer que não precisamos ser perfeitos, afinal, a vida não é perfeita, nem ninguém é. O mais importante é que a maternidade (e a paternidade) seja leve, e não penosa ou onerosa.[27] Isso permitirá que os pais mantenham a serenidade ao enfrentar os desafios que surgirão. Errar na medida certa, sem traumatizar, mas sem sustentar a onipotência infantil, é não precisar ser a melhor, só o suficiente para aquilo que a criança precisa para se desenvolver de forma saudável.

Quando meus filhos dizem "Ah, na casa do João é assim", eu falo que tudo bem, mas na nossa será diferente. Cada família tem seus próprios acordos, verdades, crenças e princípios. Quando um casal se une para formar uma família, algo inédito se inicia, pois é o encontro de duas histórias familiares,

---

27. WINNICOTT, D.W. *Tudo começa em casa*. São Paulo: Martins Fontes, 1989.

> Ensinar a um filho que as pessoas gostarão dele por sua essência e originalidade é algo precioso e libertador. Vivemos em uma cultura que nos convoca a buscar no outro a validação da nossa existência. Fortalecer a consciência de que cada pessoa é única é uma proteção para a saúde mental.

Luciana Deretti

que, com suas semelhanças e diferenças, terão de achar um espaço comum para sonhar e realizar. Esse talvez seja um dos maiores desafios de todo núcleo familiar. É claro que não é fácil ouvir de um filho que a família do amigo é melhor, que os pais dele são mais legais porque permitem mais coisas e outras reclamações que todo pai e mãe conhecem bem. Mas é fundamental ter clareza sobre seus valores e princípios para poder sustentar posições que fazem sentido para você e sua família nessa jornada de cuidado.

Um dos maiores desafios nas famílias hoje é a instauração de limites; uma instância cada vez mais confusa em muitos lares. Ao mesmo tempo, quando olho para trás, vejo que grande parte da minha formação moral se deve a isso. Aprender a lidar com limites desde criança foi fundamental para que eu transformasse minhas dores e frustrações em força de crescimento e superação ao longo dos anos. Infelizmente, hoje, muitos confundem limite com punição ou autoritarismo.

Algo que tem confundido muitos pais é o volume gigantesco de informação disponível na internet, que muitas vezes é consumida sem a devida análise crítica sobre suas fontes. Por exemplo, há inúmeros cursos sobre parentalidade, um termo que se banalizou e que muitas vezes é usado por pessoas não capacitadas para vender manuais e lançar teorias. O mundo digital pode ser perverso quando serve como bengala para aqueles que só querem ouvir o que desejam. Ser pai e mãe é um imenso desafio. É comum não saber como agir, sentir-se perdido e, na busca por soluções diante de situações difíceis ou desconhecidas, deparar-se com a sensação de vazio e incerteza sobre estar agindo corretamente.

Em meio a tantas novas vozes, teorias e conceitos, existe uma intensa discussão em torno de qual seria a forma adequada de educar um filho, e muito se fala sobre os tipos de parentalidade. Em um extremo, há a parentalidade permissiva, que, como o nome diz, permite todo e qualquer comportamento da criança, sem interferências. Com anos de experiência de atendimento, vejo essa conduta de forma catastrófica, pois toda criança precisa saber que tem alguém no comando, mais forte, sábio e com quem pode contar. Assim, pode se sentir segura.

Parentalidade não deve ser uma democracia, ela exige hierarquia. Não no sentido de haver uma força dominante que explora e oprime, mas para cuidar, apoiar e proteger. Uma criança de três anos, por exemplo, não tem condições de saber o que é perigoso. Se puder escolher livremente o que fazer, provavelmente se colocará em situação de risco. No outro extremo, está a parentalidade repressiva ou autoritária, que desconsidera os sentimentos e pensamentos da criança.

Minha experiência no atendimento de famílias me faz acreditar que o mais acertado é escolher o caminho do meio ou o que muitos teóricos chamam de parentalidade "autoritativa". Nessa abordagem, são os adultos que detêm a autoridade, ou seja, o pai e a mãe é que devem decidir o que é melhor para a criança, mas também tentar entender e validar os sentimentos dela quando fica chateada ou contrariada, ajudando-a a encontrar um sentido para aquilo e uma forma de elaborá-la. Mesmo acolhendo a criança, os pais devem manter os acordos e as regras estabelecidos, por mais que a criança grite ou reclame, e sustentar seu posicionamento de adultos responsáveis e que sabem o que é certo. Acolher as emoções sem necessidade de punir, a menos que a reação seja inadequada. Isso ajuda a criança a entender que todos os nossos atos têm consequências e que todos podemos ter momentos difíceis, mas que eles sempre passam. Quando os pais não cedem para satisfazer o desejo da criança, mas se mantêm presentes emocionalmente, provam que o limite não diminui o amor, o carinho e a preocupação.

É dever dos pais ensinar os filhos a terem um olhar atento às suas emoções, ajudando-os a reconhecer o que sentem. A forma como reagimos às suas ações serve como modelo. Cresci em uma família em que nossas opiniões eram sempre

"

Filhos são a obra de arte mais linda
que se pode produzir, independentemente
de conterem imperfeições e permanecerem
eternamente inacabadas.

Luciana Deretti

bem-vindas. Meus pais nos incentivavam a nos expressar, embora, no final, fossem suas verdades ou opiniões que prevalecessem. Menosprezar os sentimentos de um filho não só faz com que ele não aprenda a valorizar o que sente como impede que queira compartilhar seus pensamentos e sua vida com você, pai e mãe.

É importante que ele saiba que você estará sempre presente, escutando e acolhendo o que ele sente e ajudando-o a navegar entre as emoções. Assim, consegue-se desmistificar a frustração, o medo e a raiva, tornando esses afetos menos ruins ou assustadores. Quando olho para trás, lembro de um pai rígido, mas sempre acolhedor da minha indignação e força de pensamento. Recordo com carinho algo que ele dizia: "Minha filha, prefiro que sejas uma aluna ativa e presente do que aquela que não existe, que não fala e não expressa o que pensa e sente. Se algum dia tiver que ser chamado na escola por causa de uma opinião ou colocação sua, quero ser o primeiro a tentar entender suas razões". Essas palavras estão por trás da minha habilidade de comunicação, que se transformou em um fundamental recurso na minha vida. As palavras de um pai e uma mãe são decretos na vida de um filho.

O que aprendemos no convívio com nossos pais e irmãos transforma-se em um modelo para outros tipos de relacionamento. A ideia de precisar estar sempre certo, ser bom em tudo, ter as melhores coisas e nunca poder errar ou fracassar nos induz a "maquiar" os sentimentos para nos sentirmos pertencentes e nos distancia de nossa essência – e, consequentemente, da verdadeira felicidade. Não existe vida perfeita; a ausência nos faz reconhecer a presença. Quando não se tem tudo, aprende-se a dar valor ao que se passa a ter. Nunca nada nem ninguém será igual. Ajudar nossos filhos a serem autênticos, mesmo que sejam diferentes de nós, fortalece os laços que nos unem.

Quando paro e penso na minha vida, tenho a certeza de que o mais importante não foi o que meus pais disseram, mas

"

Pais têm superpoderes – não apenas na fase da imaginação infantil, mas sempre – e suas palavras podem decretar as maiores capacidades, assim como os maiores medos e dificuldades de um filho.

Luciana Deretti

sim o que me fizeram sentir. Essa vivência se deu principalmente no que vivemos juntos e no nosso convívio cotidiano. Tínhamos o hábito de todos os dias, após as refeições, seja ao meio-dia ou à noite, sair para dar uma volta na rua. Nessas caminhadas, conversávamos sobre como fora o nosso dia, sobre sonhos, planos e preocupações. Era, talvez, o momento mais especial do meu dia. Hoje, ao reproduzir esse momento com meus filhos, conversando e olhando o céu, tenho a certeza de que estou no caminho certo. Mesmo que meu pai já tenha falecido há mais de 25 anos, ele continua perto de mim. A conexão com os princípios e o amor transmitidos por ele e minha mãe não só me sustentou até aqui como está presente em todos os dias da minha vida.

## APRENDENDO PELO EXEMPLO

Se você é mãe ou pai de um jovem, provavelmente já se pegou pedindo que ele saia da tela do celular ou do tablet. E aí vêm as sugestões: vai fazer algo mais útil, ler um livro que seja. Mas e você: com que frequência é visto lendo um livro ou folheando uma revista em casa? Pais acham que têm que estabelecer limites, monitorar o uso de tecnologia e até instalar aplicativos espiões para vigiar as atividades dos filhos, mas nem sempre se dão conta de que respeitar limites precisa ser uma prática cotidiana e uma referência a ser copiada. Se estabelecem uma regra ou limite, mas eles mesmos não o seguem ou aplicam, os filhos ficam confusos sobre o que é aceitável. O mesmo vale para ensinar a ter respeito pelas pessoas, por exemplo: de nada adianta proibir um filho de gritar com o pai ou a mãe se o que a criança vê em casa é os adultos discutindo com frequência, levantando a voz com o outro.

É preciso dar o exemplo, ser um modelo de comportamento em que os filhos possam se espelhar. Isso não quer dizer que não podem errar ou que devem obedecer a um manual de boas

"

Filhos aprendem com o que fazemos,
e não com o que falamos.
Por isso, nenhum papel na vida é mais
provocativo no sentido da evolução pessoal
como o de amar e educar um filho.

Luciana Deretti

atitudes, mas é importante vigiar como usamos as palavras, que ações escolhemos tomar e até nossos pensamentos, pois eles têm força e influência maior do que podemos imaginar. Muitas vezes deixamos transparecer na fala, no olhar ou nas atitudes nossos desejos inconscientes, traumas não elaborados e nossas frustrações.

A forma como reagimos às situações e, inclusive, às ações dos filhos impacta fortemente a forma como eles se percebem. Se eles ouvem que não adianta tentar, que não vão conseguir, que as coisas são difíceis, eles não vão chegar a lugar algum, pois aprendem um modelo desesperançoso de como viver a vida, que é aquele que está sendo apresentado. Muitas vezes é preciso repensar a própria vida, hábitos e características em nome dessa responsabilidade.

Uma criança se desenvolve a partir do olhar dos pais. Em um tratamento, eles têm que se comprometer com uma atenção ampliada não só para o que o filho faz, mas também para o próprio comportamento. A cada família que recebo no consultório, já na primeira sessão de avaliação destaco: é um trabalho a oito mãos – as minhas, as dos pais e as da criança ou adolescente. Esse é um acordo que faço com os pais em todo tratamento que inicio. Todos têm um papel e tarefas a desempenhar, e nenhum psicólogo tem o poder de realizar milagres.

Certa vez, recebi no consultório a família de João, um menino de 9 anos. João era muito esperto, mas apresentava comportamentos típicos de uma criança bem mais nova: já frequentava a escola, mas só dormia com o pai ou a mãe por perto, precisava usar fralda durante a noite e tinha outros hábitos que dificultavam a convivência familiar. Os pais estavam exaustos e haviam consultado diversos profissionais que propuseram estratégias de manejo e incentivo ao crescimento, mas sem sucesso. A família toda estava em sofrimento psíquico. A vida do casal era prejudicada pelas necessidades de João, que toda noite gritava e chamava um dos pais. Começamos o tratamento e, após algumas entrevistas, iniciamos as sessões com a participação dos pais, no formato vincular.

Durante uma dessas sessões com a presença da mãe, enquanto jogávamos um jogo de tabuleiro, ela disse: "Eu sempre digo a ele que meu amor é tão grande que, se pudesse, o colocaria de volta na minha barriga para ser só meu". Nessa hora, João olhou para a mãe, abaixou a cabeça e sorriu. Ali, tive a certeza de por que ele não queria crescer. Todas as limitações que ele se impunha no dia a dia eram formas de proteção para não perder o amor da mãe. Como seria crescer se a própria mãe gostaria que ele continuasse sendo para sempre um bebê? Para ele, crescer significava perder esse amor.

Essa sessão foi libertadora para João. A partir dessa fala, pude compreender os fantasmas inconscientes que rondavam seu psiquismo. Dali em diante, trabalhei também com a mãe, conversando sobre questões que eram suas e seu papel de mãe de um menino já crescido. Descobri mais sobre sua história de vida, que, embora não fosse traumática, era cheia de perdas.

A infância era o lugar mais seguro para ela, então viver a infância do filho era uma forma de nostalgia, uma oportunidade de reviver as melhores fases de sua própria vida. Além disso, vivia um casamento frustrado e tinha um trabalho repleto de dificuldades, o que tornava a dependência do filho algo que a fazia sentir-se importante no mundo. Assim, apesar da queixa consciente do quão trabalhoso era lidar com as dificuldades do menino, e um desejo genuíno de ajudá-lo, suas demandas inconscientes estavam associadas a essa realidade. Passados alguns meses, com a mãe encaminhada para tratamento individual, João seguiu sua caminhada e começou a crescer sem medo e feliz por cada nova conquista. Ele não precisava mais carregar o fardo da história de vida da família. Podia ser um menino alegre, que, de vez em quando, ainda

"

Todos nós somos autores da própria história, o que nos dá o direito de nos colocarmos em qualquer lugar ou papel, assumindo o enredo de cada capítulo e, principalmente, reescrevendo as partes sempre que for preciso.

Luciana Deretti

enfrentava algumas questões com os pais, mas sem que isso impedisse seu desenvolvimento.

É comum pessoas me dizerem que meus filhos jamais precisarão de tratamento, afinal, foram cuidados por uma mãe que, em teoria, sabe o que precisa ser feito para um desenvolvimento emocional saudável. Sabe o que eu respondo? Que isso não os protege de um dia precisarem de auxílio para entender alguma "confusão" gerada pelo seu inconsciente. Além disso, mesmo conhecendo a teoria, isso não me protege do lugar de mãe que pode errar, sim, pois nada nem ninguém no mundo é perfeito – ainda bem. Mas mais importante: quero muito que meus filhos tenham a oportunidade de viver um processo psicanalítico, assim como eu tive, para revisitar e compreender seu passado. Embora existam princípios que aplico em casa ao lidar com as situações do dia a dia, que certamente os ajudam em diversos momentos, sei que não posso protegê-los de tudo e posso, inclusive, me equivocar. Ser uma mãe suficientemente boa, ir aos encontros das necessidades maiores, mas podendo falhar na medida certa, é ser o melhor laboratório possível para o infinito mundo que os espera com o crescer.

Mas tantos anos de prática profissional me fizeram ter uma certeza sobre as famílias: reconhecer os próprios sentimentos e os das pessoas com quem convivemos é a melhor maneira de lidar com as diferenças presentes em qualquer relação, especialmente nas familiares. Relações utilitaristas, sem afeto, que tendem à dependência emocional ou à solidão, são cada vez mais comuns. Esse enfraquecimento dos vínculos afetivos tem se tornado frequente em muitos lares, como inúmeros estudos apontam.[28] É notório ainda e temos visto um empobrecimento da linguagem, tanto oral quanto escrita nesta geração que vem crescendo. O hábito da leitura tem se perdido como prática diária, e

---

28. TORRE J.B. & LIEBERMAN, M. D. Putting Feelings Into Words: Affect Labeling as Implicit Emotion Regulation. *Emotion Review*. Mar 20, 2018.

consequentemente o repertório de palavras e a capacidade interpretativa dos cenários da vida vêm diminuindo. Por isso, converse com seus filhos, leia livros com eles e mostre que você também aprecia a leitura.[29] Ensine-os a nomear suas emoções como uma forma de se apropriar do que sentem e pensam. Com um repertório reflexivo maior e mais complexo, eles serão mais capazes de se relacionar não só consigo mesmos, mas também com os outros. Esse modelo de relacionamento é respeitoso e inteligente, pois aproveita as diferenças para fomentar a flexibilidade e a compreensão entre as pessoas da família, e não a competição. Isso vale tanto para o relacionamento do casal quanto para o de pais e filhos e o amor entre irmãos.

Por ter perdido meu irmão muito cedo, tenho um carinho e cuidado ainda maior com a relação ao vínculo entre nossos filhos.

A relação que tive com meu irmão foi de grande aprendizado. É claro que tínhamos momentos de briga, discussão e provocação, afinal eram cinco anos de diferença de idade. Quando ele estava entrando na adolescência, eu ainda era uma criança. Quando eu comecei a virar adolescente, ele já estava vivendo sua vida de faculdade e tinha outros interesses. Meus pais fizeram o máximo para cultivar em nós o valor de ter um irmão na vida e demonstravam isso no que falavam e faziam.

Nos últimos dois anos da vida do meu irmão, eu sentia muita saudade dele, que morava em outra cidade em razão da faculdade. Não podia imaginar que a saudade se tornaria eterna. Éramos grandes companheiros: me lembro vivamente das tardes passadas assistindo a *Malhação* e comendo caixas de Bis ou Amandita. Também me lembro dele me defendendo dos meninos que ficavam passando na frente da nossa casa uma, duas, três vezes para me ver – no interior era assim que

---

29. DEMIR LIRA, E. et al. *Parent's early book reading to children*: Relation to children's later language and literacy outcomes controlling for other parent language input, 2018.

os jovens faziam quando gostavam de alguém e queriam se fazer notar. Modéstia à parte, eu era uma menina que chamava atenção. Mas meu irmão, ciumento, não dava chance de chegarem perto. E isso me fazia sentir amada e protegida. Boas memórias, eis o que levamos desta vida.

Quando temos filhos, todos os nossos atos ganham uma importância maior. Muitas pessoas acabam decidindo que querem mais um filho para que o primeiro não fique sozinho quando os pais se forem, porque sabem que ter um irmão é ter uma companhia para a vida inteira, ou porque acham que é importante aprender desde cedo a dividir os espaços e as coisas. Além disso, muitos consideram mais fácil criar dois filhos emocionalmente saudáveis do que um só, que pode crescer mimado. São muitas as justificativas. No entanto, o que eu tenho visto são muitos pais se perdendo na educação de um, dois ou mais filhos. Então concluo: não importa o número de filhos, mas é o espaço interno da dupla parental que será determinante nesta jornada.

De fato, ter irmãos é um ótimo exercício de alteridade e convivência com as diferenças, portanto, importante para a formação dos jovens. Mas se os adultos não prestarem atenção aos detalhes dessa relação e ao modo como manejam as individualidades, apesar de serem irmãos, eles podem vir a ter dificuldades para se tornarem adultos respeitosos, autônomos e felizes.

Quero compartilhar com vocês algumas dicas que, tenho certeza, farão uma grande diferença na vida de seus filhos, especialmente se você tem mais de um. São orientações que podem ajudar a fortalecer os laços entre irmãos e contribuir para o desenvolvimento deles ao longo da vida:

**1** Ensine desde cedo que ter um irmão é ter um melhor amigo que vive na mesma casa.

**2** Evite comparações e valorize as características de cada um.

**3** Mostre que compreender os sentimentos das pessoas, especialmente daquelas que são importantes para nós, é um aprendizado que nos fortalece.

**4** Demonstre que, quando torcemos pelas conquistas de quem amamos, essas vitórias também são nossas.

**5** Lembre-se de que a ajuda que você oferece hoje pode ser o apoio de que precisará amanhã.

Todas as relações pressupõem diferenças, mas quando há afeto e carinho, fica mais fácil administrá-las. Quantas vezes seu marido quer fazer uma programação, mas você tem outra coisa em mente e, por preguiça, falta de empolgação ou de vontade, acaba preferindo que ele vá sozinho ou o convence a fazer o que você gostaria? Ou sua mulher o convida para alguma coisa, mas você já tinha combinado outra atividade com seus amigos, então escolhe não acompanhá-la. Essas situações são comuns no dia a dia dos casais e nas relações entre pais e filhos. Muitas vezes, os filhos pedem aos pais para brincar de coisas que eles não gostam ou sequer entendem. Da mesma forma, esperamos que nossos filhos apreciem ou compreendam coisas que nem fazem parte de seu universo.

Um dos grandes desafios de quem escolhe dividir a vida com alguém, e mais ainda, ter filhos, é equilibrar os papéis que todos desempenham dentro e fora do lar: pai ou mãe, marido ou mulher, filho ou filha, profissional, amigo. Temos a necessidade de nos sentir importantes e pertencentes, o que muitas vezes nos faz esbarrar no sentimento de vazio. Muita gente tem milhares de seguidores nas redes sociais, mas não consegue se conectar verdadeiramente com quem está ao seu lado, e na verdade vive sozinho.

Conversas profundas, que permitem uma conexão autêntica entre as pessoas, são cada vez mais raras. Quando se encontram, muitos estão mais preocupados em fazer selfies, encontrar a pose mais bonita para fotos, competir por quem faz a postagem com mais curtidas, por quem tem mais dinheiro, mais sucesso no trabalho ou "na vida". O conceito de vida é relativo, assim como o de prioridade e propósito. Qual é seu maior bem nesta vida? O que realmente importa para você? Quantas vezes pega o telefone e, em vez de navegar nas redes sociais, liga ou manda uma mensagem para saber como está um amigo que não vê faz tempo? Quando faz qualquer tipo de contato para perguntar se está tudo bem, dizer que se lembrou de uma pessoa e que sente saudade? Muitas vezes, fazer esse tipo de gesto está na última linha de nossa lista de prioridades, depois de muitas outras obrigações. Mas eu pergunto: o que pode ser mais importante do que as pessoas que amamos? Qual é a mensagem essencial que você não pode deixar de transmitir – que, se amanhã não tiver a chance, você certamente se arrependerá de não ter dito?

## FILHOS: TER OU NÃO TER?

Sempre tive a certeza de que seria mãe e teria uma família. Deus nos abençoou duas vezes. Mesmo que eu não tivesse a bênção de gerar um filho, sabia que exerceria a maternidade de outras maneiras, por exemplo, adotando um. Talvez por isso meu entusiasmo pelo trabalho voluntário em abrigos para crianças que aguardavam na fila da adoção tenha sido tão intenso, uma prática que fez parte da minha vida por muitos anos e que, de outras formas, ainda continua hoje.

Para muitas mulheres, a decisão de ser mãe ou não gera sentimentos ambivalentes. Sabemos que na história da humanidade existem coisas que são mais da esfera feminina – tarefas que demandam cuidado, por exemplo –, assim como outras que cabem mais aos homens – como as que demandam força física. Hoje sabemos que muitos papéis tem se igualado, nós mulheres temos assumido um lugar de maior destaque na sociedade produtiva, ocupando cargos de liderança, construindo carreiras admiráveis. Assim também os homens não mais se isentam das demandas do lar, se mostrando exímios cozinheiros e com habilidade fazendo inúmeros afazeres que anteriormente eram considerados do universo feminino.

Porém, algumas armadilhas têm tornado mais desafiador tanto para homens quanto para mulheres encontrar o equilíbrio perante aos seus ideais. Vivemos uma feminilidade contaminada pelo desejo de perfeição, que faz com que muitas mulheres achem que têm que dar conta de todas as áreas da vida e, de preferência, se destacar em todas elas: ser a melhor mãe, filha, esposa, profissional e amiga, ter o corpo mais escultural, a casa mais arrumada, conseguir comprar com seu dinheiro o melhor carro.

Recebo muitas pacientes em sofrimento porque não entram em contato com a vida que estão vivendo: não percebem o casamento se deteriorando e a convivência com os filhos escorrendo entre os dedos, trabalham muitas horas por dia, orgulham-se de ser *workaholics*, cuidam de tudo e de todos, mas não são felizes. Por outro lado, atendo outras que passam o dia cuidando dos filhos e das tarefas domésticas e, por incrível que possa parecer, vivem uma sensação de absoluta leveza, paz e realização. Não estou pregando que a mulher não deva ter uma carreira profissional, pelo contrário, sou uma grande entusiasta da minha profissão. Provoco pacientes a encontrar sua identidade profissional, independentemente de ser lucrativa ou não num primeiro momento. O retorno financeiro é na maioria das vezes consequência daquilo que fizemos com maestria. Ainda, toda atividade, quando exercida com amor, nos dá muito mais do que retorno financeiro: traz sensação de pertencimento e satisfação por usar nosso saber para ajudar alguém ou a sociedade. Trabalhar é fazer o bem, sentir-se útil e encontrar nesse fazer um propósito que nos dê sentido ao longo da vida.

Esta conflitiva também é encontrada junto aos homens, que muitas vezes se veem sobrecarregados por não aceitar dividir o lugar de provedor com quem está ao seu lado e também enfrentam desafios e falham. Eis uma discussão complexa, na qual não irei me aprofundar, mas que se dá em razão da evolução dos nossos papéis sociais, que cria uma dinâmica confusa para todos nós. Ter um filho deve ser uma escolha, e por isso ter ou não ter deve ser uma realidade decidida pelo casal.

"

A vida é uma equação de papéis e prioridades. É impossível dar conta de tudo o tempo todo. A verdadeira beleza da vida está em aprender, valorizar o que conquistamos e reconhecer que as limitações e os desafios são o que nos fazem crescer. Correr atrás do que não temos ou não sabemos é o que dá sentido às nossas conquistas e nos permite apreciar verdadeiramente nossas realizações.

Luciana Deretti

Criar um filho não é tarefa somente da mãe. É fundamental que os homens também participem das responsabilidades no cuidado dos filhos. Isso não é apenas importante quando a mulher tem uma carreira profissional, mas sempre. Só que é preciso que nós mulheres consigamos dar espaço para isso, permitindo que essa colaboração aconteça sem gerar medo de perder o ideal da "supermulher".

Muitos pais trazem seus filhos para atendimento comigo acreditando que eles têm um problema de comportamento ou desenvolvimento e, depois de uma avaliação, quem acaba tendo indicação de tratamento são os próprios pais. Por causa do excesso de tarefas e obrigações assumidas, não conseguem executar as funções parentais de forma plena, contaminando os filhos com um sofrimento que não é deles.

Tudo na vida é equilíbrio. Ficar somente em casa, em um lugar de estagnação, vivendo exclusivamente o papel de mãe ou pai, com o único objetivo de investir no crescimento dos filhos, é também uma escolha perigosa. Muitos casais entram em crise depois que os filhos crescem e saem de casa.

Trabalho com os pacientes e pratico também em casa a escolha com relação à forma que desejo viver. Eu poderia trabalhar muito mais horas no dia, mas não abro mão de conciliar meus vários papéis: mãe, esposa, psicóloga, amiga, filha e, neste momento, escritora. Minha função como mãe é intransferível, afinal, o que uma criança mais precisa é do olhar, do cuidado e da validação dos pais. Já no caso das adolescentes, por mais que reclamem e exijam distância, o olhar de cuidado e afeto dos pais segue importante, embora demandando um malabarismo na tentativa de encontrar uma distância ideal para que eles não se sintam invadidos. Como tudo na vida, a busca por equilíbrio é fundamental. Uma mãe que consegue cuidar dos filhos e reconhecer suas necessidades, mas sem deixar de olhar para si mesma e atender às próprias demandas e aos projetos de vida, sem

"

Ser pai e mãe é uma escolha que
demanda responsabilidade, e a função
de cada um é igualmente importante.
Muitas pessoas dedicam-se tão intensamente
a carreira profissional que se anulam nas
funções parentais. Na sociedade
do consumo e do desempenho,
ser produtivo se torna uma armadilha
para muitos. Vale lembrar:
nenhuma herança em dinheiro deixada
para um filho será mais valiosa
do que o afeto, os princípios e os
valores entregues em vida.

Luciana Deretti

condicionar tudo à existência de um filho, tem mais chances de ser feliz. O mesmo vale para o pai que trabalha, produz e provê, mas não esquece que seu maior "projeto" sairá de dentro de seu lar.

Tenho sorte de nestes anos todos ter acompanhado famílias incríveis, comprovando na prática os aspectos imprescindíveis da educação de filhos felizes e emocionalmente saudáveis. Para vocês, com carinho, deixo estas orientações que pratico em casa e recomendo aos pacientes que estão nessa jornada:

**1** **Programe reuniões familiares.** Sempre que surgir um conflito, depois que a confusão maior passar, proponha que todos se sentem juntos – seja no chão, se seus filhos forem pequenos, ou à mesa, se forem maiores. Reserve um tempo sem distrações, como celular, tablet ou TV ligada, para conversarem sobre o que aconteceu. Em uma família, todos têm seu papel, suas obrigações e direitos. Trabalhar a harmonia das diferenças é uma estratégia fundamental para manter uma família emocionalmente saudável.

**2** **Ensine empatia.** Tentar entender os sentimentos das pessoas, especialmente daqueles que amamos, é um aprendizado que fortalece. Ajude seu filho a reconhecer também suas próprias emoções. Quanto mais você conversar com ele sobre os acontecimentos da sua vida, suas reações e pensamentos decorrentes disso, mais ele terá um modelo a seguir em situações futuras. Mostre a ele que as pessoas que se importam, realmente escutam e se esforçam para compreender o outro. Isso também o preparará para construir e manter bons relacionamentos.

**3** **Não tenha medo de admitir seus sentimentos para seu filho; todos nós temos dias ruins.** Quando ele o tirar do sério, escute-o com o coração. Deixe os problemas externos de lado quando estiverem juntos. Muitas vezes filhos trarão frustração, mas tenha certeza de que esse não terá sido seu objetivo. Coloque-se no lugar de quem sabe mais sobre a vida e, por isso, mantenha a calma.

**4** **Ajude as crianças a desenvolver a capacidade de lidar com frustrações.** Isso as tornará resilientes frente às adversidades e as fortalecerá para enfrentar os desafios que fazem parte da vida, além de aumentar a habilidade de resolver problemas.

**5** **Ensine a ele o sentimento da fé e da gratidão.** Faça isso independentemente de crença ou religião, pois é algo que transforma o clima familiar e aumenta a capacidade de todos para lidar com as circunstâncias da vida. Por falar em fé, religião e espiritualidade, é esse o tema que preparei com carinho para você no próximo capítulo.

"

Nada na vida nos torna melhores
como seres humanos do que
a experiência de ter um filho.

Luciana Deretti

CAPÍTULO 7

# ABRIR-SE PARA NOVAS VIVÊNCIAS, CULTURAS E VERDADES NA BUSCA PELO EQUILÍBRIO

Sou fascinada por conhecer culturas diferentes, possivelmente porque cresci em uma família multicultural, com rituais e costumes marcantes e muito presentes no meu dia a dia durante a infância.

A família do meu pai é italiana: casa cheia, gritaria e mesa farta nunca faltavam nas festas e encontros, repletos também de afeto, alegria, piada, risadas e pescaria. Meu pai tinha dez irmãos, dos quais três faleceram na infância devido às condições de pobreza em que a família vivia.

Com eles aprendi que ter pessoas queridas por perto e boa comida são motivos suficientes para ser feliz e celebrar a vida.

Já a família da minha mãe é de origem russo-ucraniana, uma cultura marcada por sofrimento e dificuldades, como guerras, frio e isolamento geográfico.

Apesar das marcas do passado, são muito unidos e apegados à sua história de superação, e também apreciam festas e comida farta. Eles seguem algumas tradições bem diferentes das nossas, começando pelo calendário Juliano: Dia de Finados, Páscoa e Natal são comemorados em datas diferentes do Brasil e de um jeito próprio. Cada cultura tem, também, suas maneiras de cultuar a vida e a morte. Por exemplo, no Dia de Finados, as famílias visitam os túmulos de seus entes queridos, o padre celebra uma missa e depois as crianças, com suas cestinhas, em fila, aguardam os doces e guloseimas que todas as senhoras distribuem em celebração aos mortos. Acreditam que a alegria das crianças contagia os seus que já estão "no céu". Após isso, retornam ao salão paroquial da igreja, agrupam-se em famílias, cada qual com alimentos trazidos prontos de casa. Rezam e depois fazem uma refeição comunitária. Normalmente é oferecido um aperitivo de vodka, costume dos russos vindos do frio da Sibéria. Trinta dias depois da morte, celebra-se uma missa especial e, na sequência, uma cerimônia com comida e bebida. Eu cresci observando essas diferenças dentro de casa e pensando que, quando crescesse, queria ter a oportunidade de viajar bastante para conhecer as diversas culturas do mundo. Tive a sorte de me casar com alguém que tem o mesmo interesse, e desde então tivemos inesquecíveis experiências.

Viajar é uma oportunidade extraordinária para aprender sobre a diversidade do mundo, conhecer pessoas e lugares, saindo da nossa zona de conforto ao se deparar com outras modos de viver. Cada destino oferece lições valiosas sobre história, tradições e modos de vida distintos, ampliando nossos horizontes e enriquecendo nossa compreensão do mundo. Além disso, viajar permite entrar em contato com diferentes formas de cultivar a fé. Conhecer religiões e crenças próprias de outras culturas e visitar templos, igrejas, mesquitas e santuários proporciona uma vivência profunda de rituais, festivais e práticas sagradas que vão além do que vivemos em nosso cotidiano. Essas experiências e aprendizados inesquecíveis enriquecem nossa compreensão da fé e nos convidam a refletir sobre nossa própria conexão com o universo e a espiritualidade.

Ao entrar em contato com essa diversidade, nos tornamos mais empáticos e abertos, propensos a respeitar as múltiplas expressões religiosas e enxergar pontos comuns que nos unem a todos como seres humanos. Por isso convido você a refazer comigo duas viagens – para Índia e Israel – que reforçaram em mim a ideia de quanto é importante cultivarmos a fé e a espiritualidade, não importa qual religião seguimos ou em que Deus acreditamos.

Quando comecei a estudar psicologia, fé e religião não eram temas abordados no curso. Naquela época, a ciência era cética quanto ao impacto dessas dimensões na saúde mental, sem falar no preconceito que havia.

No início da minha carreira como psicóloga, havia muitas críticas e uma espécie de condenação prévia de quem trazia opiniões e relatos acerca de vida após a morte, espíritos, mediunidade ou outras formas de conexão com algo além do corpo físico. Pessoas que diziam ouvir vozes, ver ou sentir coisas que a maioria de nós não consegue perceber, eram frequentemente diagnosticadas com alucinação ou psicose. Felizmente, a ciência evoluiu e passou a reconhecer a importância e impacto positivo da fé e da espiritualidade.[30]

Fico feliz em ver hoje uma abertura maior não só das pessoas, mas da ciência, incentivando este olhar ampliado da vida. Aceitar a existência de esferas que estão além do que nossos olhos podem ver, nos afastando da ilusão de onipotência e nos lembrando de que não temos controle sobre tudo que nos acontece. Ter fé ajuda a ressignificar perdas e dores, a recobrar a autoestima depois de enfrentar adversidades, a organizar comportamentos e, principalmente, proporcionar um significado ao destino que nos desafia.[31]

Hoje, inclusive, a ciência tem comprovado cada vez mais que o envolvimento em práticas espirituais, como meditação, oração ou exercícios de atenção plena, ajudam a reduzir o estresse e a promover a calma. Sabe-se que o estresse crônico está associado a uma série de problemas de saúde, incluindo doenças cardiovasculares, hipertensão e queda na imunidade.[32] Pessoas que dedicam tempo a práticas religiosas ou de relaxamento mental demonstram melhores habilidades para lidar com emoções em situações estressantes, evidenciando que tais atividades têm um efeito protetor da saúde e podem influenciar direta e indiretamente a longevidade.[33]

---

30. DOMINGUEZ, L. J, VERONESE, N. & BARBAGALLO, M. A ligação entre espiritualidade e longevidade. *Envelhecimento Clin Exp Res.* 36, 32 (2024).
31. SAROGLOU, V. (org) *Psychologie de la religión* – De la théorie au laboratoire. Louvain-la-Neuve: De Boeck Supérieur, 2015.
32. AGORASTOS A., CHROUSOS G.P. A neuroendocrinologia do estresse: o continuum relacionado ao estresse no desenvolvimento de doenças crônicas. *Mol Psiquiatria.* 27:502–513, 2022.
33. DOMINGUEZ, L. J, VERONESE, N. & BARBAGALLO, M. A ligação entre espiritualidade e longevidade. *Envelhecimento Clin Exp Res.* 36, 32 (2024).

Cresci em uma família católica e mais tarde me tornei espírita. Talvez, se minha história tivesse sido diferente, minhas crenças também fossem. Muitas pessoas afirmam que quem adota o espiritismo o faz após uma perda, uma dor ou um sofrimento, que outras religiões, especialmente as que acreditam que nossa jornada na Terra é única, não dão conta de acolher. Eu precisei acreditar que a vida é uma passagem e que nem tudo que aqui acontece tem uma explicação lógica que possa lhe conferir sentido para continuar e ser feliz.

A religião é um fenômeno intrinsecamente humano, que resulta da convergência de múltiplos determinantes.[34] Independentemente de qual seja sua crença ou a representação do seu Deus, a convicção de que existe uma força maior, capaz de justificar o que não conseguimos compreender ou mensurar e que nos oferece a certeza de que nada acontece por acaso, exerce um impacto profundo na maneira como vivemos.

Quando me perguntam se vou à missa ou frequento o centro espírita, digo que já fui mais assídua, mas hoje exercito minha fé do meu modo, diariamente. Para mim, orar é conversar com Deus: ao acordar, contemplo o céu, reconheço o desenho das nuvens e os sons da natureza e oro em agradecimento por estar viva. Oro quando fico parada, observando meus filhos, e agradeço a bênção de poder viver a maternidade. Penso em Deus quando entro no consultório, e agradeço por ter a profissão que me dá a oportunidade de amparar e fortalecer tantas pessoas. Sou grata sempre que me sento à mesa para uma refeição em família, celebrando a alegria de estarmos juntos e de termos uma mesa farta.

Sempre provoco meus pacientes a encontrar um momento do dia em que possam se desconectar dos dispositivos eletrônicos e das tarefas rotineiras envolvendo a casa, o trabalho e a família, e se conectar consigo. Alguns levam tempo para

---

34. CYRULNIK, B. *Psicoterapia de Deus*. Petrópolis: Vozes, 2018.

"

Nenhuma pessoa conquista o sucesso sem ter objetivos e traçar metas reais para alcançá-los. Deus é sinônimo de serenidade, certeza, discernimento e amor. Mas a força de realização tem que estar dentro de nós. Qualidade de vida tem a ver com crença, significado e propósito. Assim, quando tudo isso está presente, conseguimos vivenciar um caminho de paz e plenitude.

Luciana Deretti

entender o que isso significa ou como colocar em prática. Mas o processo psicanalítico nos convoca a uma conexão com nossa essência, em que podemos olhar para o passado – a fim de reconhecer nossos valores e ressignificar situações difíceis – e pensar no futuro, no que é importante e faz sentido para nós. Aprendi a exercitar esse momento de solitude e reflexão logo ao acordar, quanto mais cedo melhor. Estar desperta enquanto o mundo inteiro parece estar dormindo me dá a sensação de estar no comando da minha vida. Consigo escutar o coração bater e tento ouvir no silêncio o que o universo quer me dizer. É quando penso em Deus e reflito sobre meus propósitos, sobre o que desejo e espero do meu dia e da minha vida.

Quando visitei a Índia, em 2019, compreendi que esse é um país de extremos. Ao mesmo tempo em que boa parte da população vive em condições de extrema pobreza, é um lugar de oração e espiritualidade pulsante. Não é um destino que costuma figurar na lista de viagens dos sonhos da maioria das pessoas, em parte devido às dificuldades que se pode enfrentar ao passar uma temporada por lá. Mas surgiu a oportunidade de acompanhar meu marido em uma viagem a trabalho, e fui.

Depois de três dias na caótica Mumbai, a cidade mais populosa da Índia, com mais de vinte milhões de habitantes, estava disposta a voltar ao Brasil antes dos vinte dias previstos. Dois dias depois de chegar lá, a sensação era de desespero e sufocamento: pelo barulho das ruas, pelos cheiros, pelas cenas chocantes de miséria a cada esquina, pelo vaivém intenso de carros buzinando, pelo calor. Era tudo tão intenso e desnorteador que para andar de um ponto a outro tínhamos que tomar uma medicação para náusea. Era difícil imaginar que alguém pudesse viver com calma e tranquilidade ali. Para completar a atmosfera de tensão, cada vez que chegávamos de carro ao nosso hotel, o veículo tinha que passar por um detector de metais e outros procedimentos de segurança como parte do protocolo adotado

Abrir-se para novas vivências, culturas e verdades na busca pelo equilíbrio

Eu em um dos templos de oração de Nova Delhi

Em meio a mulheres repletas de gratidão a vida.

Na Índia, chegando em mais um lugar de oração.

depois da série de atentados terroristas coordenados que ocorreram em Mumbai em 2008.

O que mais me chocou, no entanto, foi uma cena que presenciei enquanto estava na área da piscina do hotel, aguardando meu marido retornar das atividades do congresso de que estava participando. Notei que toda a área superior do hotel era coberta por uma espécie de tela de proteção. Curiosa, perguntei a um funcionário o motivo daquilo. Ele me explicou que a rede estava ali para evitar que os corvos invadissem a área dos hóspedes ao sobrevoarem aquela área. Na Índia, há muitos corvos nos céus porque, infelizmente, nem sempre as pessoas conseguem enterrar seus entes, e as aves são atraídas pelo cheiro dos corpos a céu aberto. Percebi também que, apesar do calor, não se via o azul do céu. Nas cidades mais populosas, isso acontece devido à densa poluição. Certo dia, pedi a um guia que me levasse para conhecer templos religiosos e locais de meditação. Visitei vários lugares, e um deles me chamou a atenção. Para chegar até lá tive que atravessar uma passarela sobre um rio. Fazia muito calor, a água estava baixa e o odor de corpos em decomposição era o pior que já senti na vida. Ainda assim, ao chegar ao templo, senti uma sensação maravilhosa de paz, era um lugar de oração, e todas aquelas pessoas que ali também estavam tinham um dos semblantes mais profundos de paz que já vi no rosto de alguém.

Em muitos locais de oração não é permitido entrar com celular, câmera fotográfica e outros aparelhos eletrônicos. É um lembrete de que a vida de verdade tem que ser sentida, e não assistida. A prática de estabelecer momentos assim, que eu já tinha em casa, se fortaleceu.

Conforme os dias passavam, desenvolvi um olhar de empatia, afeto e admiração por aquelas pessoas com quem eu cruzava nas ruas. A cada nova experiência, à medida que me acostumava com o caos e certa tristeza diante do choque de realidades, eu conseguia enxergar no rosto delas um brilho de profunda gratidão pela vida. Elas sorriem com o coração e parecem olhar no fundo de nossa alma, como quem está realmente nos enxergando, mesmo sendo um completo desconhecido. Sim, muitas vezes estamos juntos fisicamente com quem amamos, mas não presentes emocionalmente. Eis não só uma constatação da vida cotidiana, mas uma queixa constante no consultório.

Na cultura hindu, a posição social de uma pessoa ao nascer está relacionada ao carma acumulado em vidas passadas, sendo vista como uma oportunidade para aprendizado e evolução espiritual. Ou seja, essa posição não é acidental, mas sim parte de um propósito maior de crescimento. Se Deus colocou alguém em determinada casta (como se chama cada divisão dentro da sociedade), é seu dever transformar a sua vida em uma oportunidade de evolução. Caso contrário, se não aproveitar a experiência ou agir de maneira prejudicial, Deus poderá colocá-lo em uma posição inferior em uma próxima encarnação. Essa crença nos provoca a transformar desafios e dificuldades em oportunidade de superação. Isso me fez reforçar o pensamento em relação aos benefícios da crença reencarnacionista.

A medida que me deparava mais com tantas cenas daquela realidade, fui ficando mais curiosa para entender como aqueles seres humanos, apesar da aparente tragédia em que estavam inseridos, não deixavam de sorrir. Você já parou para pensar no poder de um sorriso? No momento em que os músculos do rosto se contraem em um sorriso ocorre um acionamento neuronal com impacto nos neurotransmissores, substâncias químicas que funcionam como mensageiros no cérebro, repassando sinais entre os neurônios. Por meio do sorriso nos comunicamos e transmitimos energia positiva. Quando isso acontece apesar de circunstâncias adversas, como vi com as pessoas na Índia, a força dessa energia é ainda maior. Provavelmente você vai se lembrar de um dia ou de um momento ruim em que algo lhe fez sorrir e, de alguma forma, você sentiu algo diferente.

Aos olhos da espiritualidade, dor e sofrimento não são exclusividade de quem não se comporta bem ou faz coisas ruins; todos nós estamos sujeitos a circunstâncias difíceis nesta vida. A questão é como as enfrentamos quando chegar a hora. Estar conectado com Deus em meio a uma tragédia, por exemplo,

"

A espiritualidade é uma fonte de conforto, esperança e paz interior, mas ao mesmo tempo, de força de superação. Ao promover uma visão positiva da vida, leva à melhoria do bem-estar emocional e psicológico.

Luciana Deretti

é o que pacifica a alma e ajuda a seguir em frente. Ter fé amplia o sentimento de pertencimento ao mundo.

Freud dizia que Deus é uma figura paternal,[35] que sabe tudo o que faz e sabe de coisas que nunca saberemos. É isso que está por trás da ideia de que nada na vida é por acaso, inclusive a morte. Eu acredito na reencarnação e na ideia de que cada dia é uma oportunidade para fazer a vida valer a pena. Estar vivo é um presente de Deus.

Algo que convido todos a pensar é sobre a felicidade como um estado de espírito, uma escolha que se torna consciente a partir da forma como vemos e entendemos os fatos e a vida. Faço isso dentro de casa também, tentando ensinar aos meus filhos desde pequenos. Como explicar algo tão abstrato a uma criança? Um primeiro passo é dizer que a felicidade não está no que temos, e sim no que somos. De nada vale ter uma casa grande e bonita se não nos sentimos felizes dentro dela; vestir uma roupa da moda, mas que é desconfortável e não aquece o corpo nos dias frios e que nada tem a ver com seu estilo ou preferência. Ou comer um prato com uma apresentação linda e a assinatura de um cozinheiro estrelado, mas com gosto sem graça ou que traz uma memória ruim.

Sabemos que tem sido imensamente desafiador sustentar esse conceito na contemporaneidade, afinal, ao mesmo tempo que todos querem ser diferentes, o igual se perpetua.[36] Na busca pela autenticidade, muitos se perdem de sua essência, gerando uma pressão pelo sucesso que se torna sufocante e pode acabar levando a uma autorreferência narcísica. Após tantos anos atuando como psicóloga clínica, uma certeza que tenho é de que o sentimento de vazio que

---

35. FREUD, S. O futuro de uma ilusão (1927). In: FREUD, S. *Edição Standard Brasileira das Obras Psicológicas Completas de Sigmund Freud*: vol. 14. Rio de Janeiro: Imago, 1974.
36. HAN, B. *A expulsão do outro*: sociedade, percepção e comunicação hoje. Petrópolis: Vozes, 2022.

"

Sempre haverá dificuldades e desafios. A felicidade é um estado de espírito e só depende de cada um de nós acessá-la.

Luciana Deretti

permeia muitos psiquismos atualmente – a sensação de solidão, tédio e desorientação – é o reflexo de uma sociedade que se esvaziou de sentido. Vivemos em um tempo em que a lógica do consumo e do desempenho impera, deixando pouco espaço para o ser, a fé e a espiritualidade, que acabam perdendo significado em meio à supervalorização do ter.

Seguindo essa reflexão, trago para vocês a segunda viagem que me marcou imensamente: Israel, que visitei em 2023. Fiquei especialmente impressionada ao visitar o Muro das Lamentações, um dos lugares mais visitados em Jerusalém. O santuário é o vestígio mais preservado do Segundo Templo de Jerusalém, construído por volta de 516 a.C. Conhecido também como Templo de Herodes, era o centro da vida espiritual dos judeus, onde esse povo celebrava suas tradições religiosas, sociais e culturais. O Muro virou um símbolo da aliança divina com o povo de Israel, por fazer parte de um local que recebeu a presença de Deus. Daí que se passou a acreditar que as orações feitas ali têm mais chance de serem ouvidas, pela proximidade com o divino. Com o tempo, tornou-se tradição para fiéis e turistas de todo o mundo visitar o Muro e depositar entre suas rachaduras pedidos, orações e agradecimentos escritos em pedaços de papel. Eu, claro, segui o costume.

Para algumas pessoas, pode ser incompreensível este encanto de viajar milhares de quilômetros para visitar um muro antigo em que fiéis e turistas depositam papeizinhos com pedidos destinados a Deus. No entanto, para quem tem fé e acredita que nenhum obstáculo é grande o suficiente para impedir a realização de sonhos e desejos, estar em um lugar onde pessoas de diferentes culturas, crenças e histórias se reúnem em oração é uma experiência única. Esse espaço de contemplação e silêncio, apesar da multidão em volta, carrega força e energia que transcendem o entendimento. Estar ali

"

A felicidade está ligada à nossa atitude mental. Quando seus pensamentos estiverem alinhados com seu propósito, e os desígnios de Deus assim permitirem, nada impedirá você de realizar aquilo que deseja.

Luciana Deretti

foi algo inexplicável, e mais do que isso: decisivo para que eu resolvesse escrever este livro.

Depois de alguns momentos em oração diante do Muro das Lamentações, agradecendo a oportunidade de estar viva e pedindo apenas saúde para seguir em frente, me lembrei daquela madrugada em que minha mãe só pensava em morrermos. E então me dei conta de que já havia ganhado várias vidas nesta existência. A primeira foi ao nascer. A segunda, quando o assassino do meu pai abaixou a arma e não atirou em mim. E a terceira, quando a explicitação do meu desejo de viver impediu minha mãe de desistir da vida. Estar naquele lugar confirmou minha certeza de que todos nós podemos ser protagonistas da nossa história, da nossa vida e do nosso destino.

Eis então o momento que como anteriormente referi, foi decisivo para que este livro estivesse agora nas suas mãos. Se Deus havia me deixado viver e eu havia conseguido aquilo que tanto queria – não só continuar viva, mas apesar de toda dor e sofrimento, ser feliz –, eu poderia ajudar outras pessoas a também escolherem esse caminho.

Gosto de olhar para a vida e para o que fazemos dela sob a perspectiva de "como" e "por quê". Como você quer viver? Como quer ser lembrado quando não estiver mais aqui? Para que você vive? Qual é o sentido de cada movimento do seu dia? Para que você acorda e trabalha? Como passa o seu tempo? Qual é o seu propósito?

Cultivar uma vida espiritual é uma maneira de elevar nossa frequência, tornando-nos seres humanos melhores e mais autênticos.[37] Por exemplo, há estudos que comprovam que a meditação modifica estruturas do cérebro, entre elas as relacionadas aos insights e a reflexões profundas, à consciência corporal, à consolidação da memória, a atividades cognitivas

---

37. FROMM, E. *Psicoanalisi e buddhismo zen*. Milão: Mondadori, 2018.

"

Seja grato por tudo, sempre.
Na vida, nada é por acaso.


Luciana Deretti

complexas e ao controle emocional.[38,39] Essa energia positiva faz com que as pessoas ao nosso redor sintam prazer em estar na nossa companhia, o que se aplica tanto aos vínculos familiares quanto aos relacionamentos de amizade e amor. Escrever este livro está intimamente ligado a essa perspectiva. Quero ser lembrada assim por quem amo e por todos que se conectarem comigo e com minha história, aqueles que se identificarem e se sentirem bem ao ouvir o que digo e escrevo, seja aqui ou nas redes sociais.

No Espiritismo, esta vida é uma entre tantas outras que nosso espírito já viveu e ainda viverá. Nessa jornada, todos os espíritos tendem para o aperfeiçoamento, e Deus lhes faculta os meios de alcançá-lo, proporcionando-lhes as provações necessárias para essa evolução. Quando não efetivamos o progresso, não vivendo com resiliência as provas e expiações; mas ainda há uma nova chance, mesmo que em uma existência futura. Na lógica da reencarnação, que significa o retorno do espírito para viver em um novo corpo, tendo novas oportunidades de evolução, aceitei melhor o que se passou na minha vida. A certeza de que Deus está por trás de tudo e de todos me ajudou a encontrar forças, construir minha evolução e provar para mim mesma a expressão do amor, da sabedoria e da justiça de Deus, que permite a cada um de nós a reedição da nossa história.

Muitas vezes, tentar entender o porquê de algumas coisas é um caminho árduo e sem garantia. Quando passamos a entender nossa existência pela lógica da reencarnação, eis que uma nova forma de entender as adversidade da vida se estabelece.

---

38. DE FILIPPI et al. Meditation-induced effects on whole-brain structural and effective connectivity. *Brain Struct Funct.* 227 (6):2087-2102, Jul 2022.
39. FOX, C. R. K. et al. Is meditation associated with altered brain structure? A systematic review and meta-analysis of morphometric neuroimaging in meditation practitioners. *Neurosci Biobehav Rev.* 43:48-73, Jun 2014.

"

Ser feliz não tem a ver com uma vida perfeita, mas sim com uma vida com sentido. Isso significa desenvolver a capacidade de estar presente, verdadeiramente, em cada um dos seus papéis, equacionando suas necessidades e prioridades. Sem isso, não existe plenitude.

Luciana Deretti

Ter fé favorece o exercício da gratidão, esse sentimento tão nobre. A gratidão permite a autorrealização, pois nos enche de energia para remover obstáculos, dores e sofrimento do caminho em direção aos nossos objetivos. Agradecer o bem que recebemos, assim como o mal que não nos alcançou, é uma lição que aprendi com o Espiritismo. Mesmo que o mal aconteça, ele ensina que a adversidade é um meio de alcançar o crescimento espiritual, conforme propagado pela lei de causa e efeito.[40]

O sentimento de gratidão leva à humildade, uma qualidade que purifica nossa existência. Não me refiro à humildade no sentido de uma limitação financeira, e sim na habilidade de reconhecer o belo nas coisas simples e cotidianas. De ficar feliz com as conquistas do outro e fazer disso sua própria felicidade também. Humildade que significa ter amor no coração, pureza na alma, e não se sentir ameaçado pelo sucesso alheio. Gente humilde é grata pela vida, do ar que respira gratuitamente ao espetáculo do pôr do sol com que Deus todo dia nos presenteia. Enfim, levarei para sempre comigo o poder da humildade e da gratidão que o olhar dos indianos me mostraram.

Se cada um de nós está aqui hoje, é porque Deus interviu. No meu caso, me protegeu na cena de um crime bárbaro, mas tenha certeza de que ele age junto a todos nós, começando pela oportunidade que temos de acordar a cada novo dia.

Os anos de consultório provaram como é fácil interpretar de forma equivocada comportamentos ou pensamentos de outras pessoas. Por exemplo, se você encontra um conhecido e ele não o cumprimenta, não significa necessariamente que ele não gosta de você ou daquele encontro. Muitos fatores, tanto emocionais quanto práticos, podem

---

40. FRANCO, D. Divaldo Franco pelo espírito Joanna de Ângelis. *Vida plena*. Salvador: Editora Leal, 2021.

"

Quando cultivamos a presença de Deus no coração, expandimos nossa capacidade de amar. O perdão, a misericórdia, a gratidão e a compaixão se tornam fonte de paz interior e inteligência emocional. Ficamos mais aptos para lidar com as diferenças, e isso torna a vida e nossas relações mais leves e prazerosas.

Luciana Deretti

influenciar as atitudes de alguém. Ser gentil com o outro é reconhecer que ele tem uma subjetividade, uma forma própria de pensar, sentir e viver a realidade. Toda vez que sorrio para uma pessoa que encontro na rua, por exemplo, penso que talvez a minha gentileza e sorriso sincero sejam o que ela vai receber de mais precioso naquele dia, embora não tenha expressado, por alguma razão, nenhuma resposta ao meu gesto ou feito algo que justificasse meu movimento gentil.

Quando entendemos que o verdadeiro sentido da vida está na jornada, e não na busca incessante por conquistas, desenvolvemos nossa paz interior. A construção de significado na nossa vida ocorre diariamente. Somos seres em constante transformação e evolução, e por isso é fundamental estarmos atentos às ações que geram em nós sentimentos bons, em vez de se envolver em cenas ou com pessoas qeu drenam nossa energia. Quando estamos em paz conosco, uma serenidade se instala e a bondade se torna nossa essência. Você já experimentou essa leveza?

Quero finalizar dividindo com você alguns aprendizados que a vida e minha experiência atendendo no consultório me trouxeram, e que terão um poder transformador se você verdadeiramente acreditar, e praticar.

» Somos seres em constante evolução, em busca de viver em harmonia com nossa essência. Ninguém é perfeito, nasce pronto ou sabe de tudo; estamos o tempo todo aprendendo. Ter essa consciência nos torna mais tolerantes com nossas imperfeições.

» Não desista diante de dificuldades, por maiores que sejam. A cada queda, levante-se e continue. Com persistência e determinação, mais cedo ou mais tarde a conquista desejada virá. E quanto mais árduo tiver sido o caminho, mais verdadeiro será o sentimento de vitória e superação.

» Viva com gratidão e celebre esse sentimento com as coisas simples da vida. Agradeça a Deus diariamente pela bênção de estar vivo. O despertar de cada novo dia é uma nova chance para realizar seus sonhos.

» Cultive a fé e o amor no seu coração, independentemente dos obstáculos que a vida apresentar. Lembre-se: esta existência é somente um capítulo na jornada eterna do seu ser. Por mais que algo possa parecer incompreensível no momento, nada é ao acaso, sempre haverá uma razão, por mais que no momento você não compreenda.

» Cuide da sua saúde; ela é a coisa mais importante que você tem. Nada é possível ou prospera sem saúde, então não espere uma doença ou limitação chegar para reconhecer quanto depende dela.

» Cultive e celebre seus relacionamentos. A felicidade, quando é compartilhada, se multiplica, e não estar sozinha quando você precisar de ajuda relativiza qualquer dificuldade.

» Viva o momento presente. Focar somente no passado pode trazer culpa e arrependimento, enquanto a preocupação excessiva com o futuro pode gerar ansiedade. Pratique a consciência do aqui e agora.

» Construa um viver mais consciente e engajado em cada experiência. Esteja presente não só de corpo, mas de alma, junto às pessoas e em tudo o que faz. Só assim podemos construir e manter relacionamentos saudáveis. Quando estamos em paz com nosso eu, tudo fica mais fácil, inclusive, conviver com outras pessoas.

» Invista em autoconhecimento para entender aquilo que lhe faz bem e, com isso, poder fazer escolhas alinhadas com seus verdadeiros valores e propósitos. Ele nos guia na busca da felicidade genuína e aumenta nossa capacidade de estabelecer vínculos saudáveis e duradouros. Ter essa clareza é fundamental para reconhecer a sua plenitude.

» Sonhe, lute com bravura, tome decisões, por mais difíceis que sejam. Não tenha medo dos desafios, acredite em você. Sua mentalidade tem imenso poder de transformar o seu destino e construir o seu sucesso.

"

Seja gentil com você, viva com amor no coração, seja grato pela vida e a possibilidade de construir e reconstruir o seu destino quantas vezes for necessário.

Luciana Deretti

EPÍLOGO

# SUA NOVA VIDA COMEÇA AGORA

C omo você tem utilizado o seu tempo? Quanto dele tem dedicado às pessoas que são importantes para você? Quanta atenção tem dado a fazer coisas que ama e a cuidar da sua saúde e bem-estar? Com que frequência você para e observa seus pensamentos e ações cotidianas e reflete se tem levado uma vida que faz sentido?

Essas perguntas não são apenas provocações, mas um convite para reflexões profundas que espero ter despertado em você, leitor, que me acompanhou até aqui. Quando pensamos sobre o fato de que o tempo escorre pelas mãos e não pode ser recuperado, passamos a valorizar cada experiência que vivemos, desde os momentos mais simples até os acontecimentos marcantes. Podemos encontrar significado, beleza e aprendizado em todas as situações que a vida nos oferece, desde que estejamos com olhos, mente e coração abertos. Esta apropriação nos fortalece para os desafios da vida, nos capacitando para alcançar nossas metas e objetivos.

Minha vida foi marcada por ausências e desafios. Para muitos que acompanharam tudo que aconteceu, a probabilidade de o peso dessa história ser determinante para uma vida infeliz era real. Talvez o mais esperado fosse deixar que o trauma da adolescência definisse o meu destino, mas tomei as rédeas da minha história e dei a ela um enredo diferente: eu escolhi não desistir dos meus sonhos, transformar minha dor em força e superação para realizar meu objetivos, sendo protagonista não somente do meu sucesso, mas da minha felicidade. Decidi, apesar do abismo da dor e da saudade, não ser prisioneira dessa condição. Transformei o desamparo em esperança, e as memórias tristes em lições sobre o que realmente importa.

Por isso, não esqueça: nossa mentalidade pode ser poderosa, desde que assuma que você é o único responsável por suas conquistas. Você só pode mudar aquilo que reconhece, por isso, não tenha medo das suas dores; assuma seus traumas, medos, fragilidades, mas não para ser refém deles e se entregar, mas para vencê-los e transformá-los no maior trunfo da sua superação e do seu sucesso.

Não sou a única pessoa com uma história de vida dramática. Muitas pessoas, todos os dias, tomam rasteiras do destino e passam por situações que colocam à prova seu equilíbrio emocional e ânimo para seguir em frente. O que determina se alguém conseguirá ou não se erguer após a queda é o compromisso com a própria felicidade, a capacidade de fazer boas escolhas e a disciplina para se manter no curso das ações que levarão aonde se deseja. Não é fácil, mas é possível. A felicidade é uma escolha consciente e uma conquista pessoal. Ela é construída todos os dias ao longo desta jornada que chamamos vida, em que dor e prazer, medo e alegria, quedas e evolução coexistem. Negar as partes difíceis desse caminho é perder a oportunidade de aprender a lidar com os desafios inevitáveis. Tenho convicção de que os obstáculos que enfrentei foram fundamentais para me tornar quem sou hoje e experimentar a verdadeira felicidade.

A educação que recebi, com valores e princípios que meus pais transmitiram desde a infância – sobretudo a fé e a crença de que existe uma força superior olhando por nós, e a importância de saber que a frustração faz parte da vida –, somados à facilidade que tenho para criar e manter laços afetivos, me capacitaram a ressignificar meu lugar no mundo. Espero que você tenha chegado ao final da leitura com um novo olhar para a sua vida e reflexões sobre o que precisa mudar para torná-la mais plena e feliz. E com inspiração, vontade e energia renovadas para criar as condições ideais para cultivar essa transformação. Se tudo vai bem e você está satisfeito com as coisas como estão (ótimo!), que estas páginas sejam um lembrete de que nunca é demais agradecer pelo que tem.

Muitas pessoas, mesmo com saúde e boas condições financeiras, não estão vivas de fato. Outras não acreditam em nada – nem na vida, nem em Deus, nem na bondade do ser humano.

Vivem uma existência materialista, focada em acumular coisas, sem perceber que isso não é o essencial. Felicidade não é sobre possuir, mas ser. É o que levamos na alma e no coração. No entanto, os tempos atuais nos iludem com a lógica da perfeição e nos dão a impressão de que estamos sempre na falta de algo. É uma mentalidade perigosa, pois cria jovens e adultos insatisfeitos e despreparados para enfrentar o "não", a frustração e o vazio. Enquanto isso, corremos exaustivamente atrás de coisas das quais achamos que precisamos, muitas vezes esquecendo de valorizar o que já temos – e que quase sempre é mais do que suficiente para nos fazer felizes.

Não espere sentir medo de perder a vida para dar valor a ela. O mesmo se aplica à saúde, ao trabalho, aos filhos e aos relacionamentos que dão sentido à existência, sejam de amizade ou amorosos. Dedique-se com sinceridade e dê o seu melhor, todos os dias, pelo que e por quem é essencial para você. Apoie, perdoe, contemple, sonhe. E não espere validação alheia para ir em busca dos seus desejos, projetos e propósito – seja perder peso, melhorar a saúde, encontrar um amor, arrumar um trabalho que dê prazer ou se organizar financeiramente após uma fase crítica. Trabalhe com determinação por aquilo que quer alcançar, sem permitir que a preguiça, o medo ou a vergonha – sentimentos que todos nós experimentamos em algum momento – minem seu entusiasmo e sua força. A vida é única e extraordinária, e podemos conquistar qualquer coisa a que nos propusermos. Mas não existe milagre, apenas atitude. Quando você desvia o foco dos seus objetivos para as adversidades e se entrega à reclamação, se afasta de onde pretende chegar.

Quantas vezes nos pegamos pensando no que nos falta, no que deixamos de fazer ou no quanto não somos bons o suficiente? Gastamos um tempo enorme nos avaliando e comparando nossa realidade com a dos outros, muitas vezes desconhecidos, em busca de uma perfeição inatingível. Quando focamos no que não temos e usamos padrões alheios para medir nosso valor, em vez de valorizar o que somos, o que temos e o que podemos fazer com isso, estamos adotando uma mentalidade de escassez. Entre o medo da escassez e a armadilha do excesso, muitos perdem a chance de viver em plenitude, sentimento que está profundamente ligado ao amor-próprio. Ele anda de mãos dadas com a coragem, a compaixão e as experiências compartilhadas com outros seres humanos. Aceitar que somos indivíduos imperfeitos e em constante evolução, e que isso não nos tira o direito de sermos felizes, é libertador.

A felicidade exige foco e determinação. Podemos ser felizes e ainda assim passar por momentos tristes. Alegria e tristeza são passageiras, mas a felicidade é estrutural. Ela reside em viver conscientemente o momento presente. Todos temos um passado que precisa ser reconhecido, mas focar excessivamente nele pode gerar melancolia, assim como concentrar-se demais no futuro pode causar ansiedade. O equilíbrio, ou o caminho do meio, é a melhor alternativa. Cultive os aprendizados do passado e use o futuro como meta, mas sem permitir que o encanto do presente se perca.

Muitas pessoas sabem o que querem ou têm na ponta da língua a resposta sobre o que as faria mais felizes, mas não acreditam que podem alcançar aquilo que sonham. Por isso, muitas vezes culpam os outros, o destino ou Deus, o que não resolve nada. Transforme seus sonhos em preces, conecte-se com sua força interior, levante-se e faça acontecer. Não desista do que quer, não se contente com menos do que merece e não se desgaste buscando mais do que o necessário. Nada estará perdido se você acreditar em si mesmo e arregaçar as mangas.

Antes de fechar este livro, convido você a escrever em um pedaço de papel suas cinco melhores qualidades e seus cinco maiores sonhos. Nossa mente tem o poder de criar pensamentos que transformam a energia do universo. Todo sonho, para se tornar realidade, precisa primeiro ser materializado em nossa imaginação. Use sua mente para abençoar, curar e inspirar sua vida e a daqueles que, de alguma forma, cruzarem o seu caminho. Cada dia é um presente e uma nova chance para escolher ser feliz. Faça isso agora, não espere mais. Se você chegou até aqui, já tem o que precisa para acreditar que a felicidade está mais próxima do que imagina. Seja o protagonista da sua vida e do seu destino. Eu garanto que vale a pena.

> Estar vivo é uma bênção.
> Se você acordou, lembre-se: muitos que
> adoravam viver já não estão mais aqui.
> Se você tem duas pernas para levantar
> da cama e fazer o que tiver vontade,
> lembre-se: você tem o necessário para
> ir lá e construir o seu destino.
> Se você errou, não desista; pessoas
> perfeitas se tornam chatas.
> Seja mais leve. Se alguém se magoar com
> você, reflita, mas não sofra em excesso,
> nem mesmo Deus agradou a todos.
> Não espere a vida ideal ou o mundo
> perfeito para encontrar a sua felicidade...
> ser feliz é um sentimento, mais
> do que isso, uma escolha, que
> somente você pode fazer!

Luciana Deretti

Sua nova vida começa agora

Minha mãe, Leo, Lo e eu em frente a casa dela.

James, eu e nossos meninos.

Luke invadindo a sessão de fotos de família, porque no final, tudo sempre dá certo.

# AGRADECIMENTOS

Agradeço a Deus pela oportunidade de chegar até aqui para poder transformar minha história nestas reflexões que são o decreto de que ser feliz e realizar nossos sonhos é uma conquista possível para todos nós. Cada aprendizado ao longo dessa jornada se tornou mais grandioso em razão da experiência de tantos anos atendendo em consultório, e graças à presença de seres humanos incríveis, com quem tive a honra de conviver e evoluir.

À minha família, a meu pai e a meu irmão, que, apesar do breve tempo em que estivemos juntos, me deixaram um legado precioso com sua maneira única de enxergar o mundo e vivenciar as situações. À minha querida mãe, Irena, que, mesmo diante de inúmeros desafios e provações, e a pior das dores – a de perder um filho –, nunca mediu esforços para estar ao meu lado e ajudar quem está ao seu redor, sendo uma inspiração de amor ao próximo. Incansável, ela segue dedicando-se a fazer desta encarnação uma experiência edificante em sua jornada de evolução espiritual.

Ao meu marido James, incansável parceiro de vida, obrigada por topar escolher ser feliz comigo, realizando o maior dos meus sonhos: construir uma família. Obrigada pela paciência e serenidade ao acompanhar meus tempos e movimentos, sempre me lembrando da minha força e da nossa famosa expressão, lá do começo do relacionamento: "porque, no final, tudo sempre dará certo". Estar ao seu lado torna qualquer desafio mais leve e a vida muito mais feliz.

Aos meus filhos, Leonardo e Lorenzo, por serem o melhor laboratório de uma teoria que pulsa em minha mente, e que me ensinam a sentir no coração o mais puro e genuíno amor. Obrigada por serem a fonte e a inspiração de tudo que faço. Vocês são a prova mais linda de que "Deus escreve certo por linhas tortas", e a melhor recompensa que eu poderia receber por ter escolhido ser feliz. Por isso, nunca, jamais esqueçam que nada na vida é motivo para alguém desistir dos seus sonhos. Eu amo vocês do tamanho do infinito, para sempre.

Ao nosso canino, Luke, pela companhia e o amor incondicional. Que Deus lhe proteja para que, apesar de todas as meias que você engole, de todos os ossos que caça e devora pelo condomínio e das muitas endoscopias que ainda terá que fazer para que possamos descobrir todas as coisas estranhas que você coloca para dentro do seu corpo enorme e gostoso de abraçar, viva até ficar velhinho ao nosso lado.

Aos meus vizinhos de Santa Rosa, cidade onde nasci, que foram testemunhas da vida feliz que vivi até o dia da tragédia e que, depois, abriram as portas de suas casas quando eu me via sozinha com minha mãe enlutada. Saibam que Deus esteve comigo em cada almoço compartilhado e chimarrão na frente de casa, e certamente Ele não se esquecerá de tudo o que fizeram por mim.

Às famílias Deretti e Marusiak, tios e primos queridos, por se fazerem presentes em minha vida. Um agradecimento especial ao *nonno* e à *nonna* dos meus filhos, Aniceto e Eliane Deretti, tios que são meu porto seguro de afeto e inspiração. E às minhas amadas primas, Daniela e Bianca, que são a mais linda tradução do amor de irmãs. Obrigada por estarem sempre tão próximas, apesar da distância física. O amor de vocês transformou minha dor e trouxe mais felicidade à vida dos nossos meninos. À família Fracasso, que meu marido me trouxe e que virou minha também, obrigada por tanto afeto nesses anos todos.

Aos amigos do tempo de escola e em especial aos da "Grande Família", por todos os momentos que compartilhamos, da infância até hoje. Em especial, aos meus irmãos de vida, Caroline, Lucas e Felipe, por estarem incansavelmente ao meu lado em tantos momentos, desde o dia mais difícil da minha vida.

Às amigas da "faculdade para a vida", que testemunharam tantas fases do meu viver e continuam sendo, até hoje, fonte de inspiração e sintonia.

Aos meus queridos amigos de Santa Cruz do Sul, a cidade que escolhemos para viver, em especial aqueles que nossas profissões nos trouxeram e que transformaram as coincidências da vida em uma doce convivência. Cada encontro, jantar, viagem ou final de semana com vocês torna a rotina dos nossos dias muito mais leve e especial.

Aos tantos amigos de Porto Alegre que fazem desta cidade sempre um lar para mim e aos nossos grupos de Atlântida e Jurerê, sou imensamente grata por embalarem tantos momentos de alegria e celebração e por incentivarem meus novos voos profissionais; evoluir com vocês é incrível.

A todos que caminharam ao meu lado e de alguma forma fizeram parte da narrativa do meu viver; sintam-se abraçados. Embora seja impossível nomear cada um, saibam que todos ocupam um lugar especial em meu coração e deixam sua marca em cada página deste livro.

E, como acredito que a experiência de um tratamento psíquico é o mais lindo presente que podemos dar a nós mesmos, meu agradecimento às duas analistas que me acompanharam nessa jornada, em momentos diferentes, mas todos importantes. E, após vinte anos de experiência profissional, minha gratidão a todos os pacientes que tive a honra de acompanhar fortalecendo em mim a certeza de que a felicidade está ao alcance de todos nós.

Ao final, ninguém é perfeito, assim como a vida não é, inclusive Jesus já dizia, caso contrário, estaríamos vivendo num mundo mais evoluído. Ter entendido e aceitado essa condição na minha vida desde cedo possibilitou reconhecer e equacionar sempre o lado bom e ruim das coisas, das relações, da realidade. Isso ampliou meu entendimento para aceitar as pessoas e cultivar tantos vínculos, e posso dar a certeza: vale imensamente a pena. Aprenda você também, olhe para o lado. Aproveite a aventura da vida. Mesmo diante de tantas perdas e ausências, me permitir enxergar tanta abundância na minha jornada foi certamente o grande segredo da minha felicidade. Que você, leitor, possa encontrar as suas riquezas também – elas são, sem dúvida, muito mais reais e estão muito mais próximas do que você imagina. Não desista; persista, continue. Ser feliz é uma escolha, um caminho possível não só para mim, mas para todos nós.

FONTE Argent CF, Basic Sans e Adobe Caslon Pro
PAPEL Pólen Natural 80 g/m²
IMPRESSÃO Paym